AF422523

Juan Carmen Rentería De León.

PREVENCIÓN EFECTIVA DE LA VIOLENCIA ESCOLAR.

© Juan Carmen Rentería De León.
PREVENCIÓN EFECTIVA DE LA VIOLENCIA ESCOLAR.

Impreso en México.

Reservados todos los derechos. Salvo excepción prevista por la ley, no se permite la reproducción total o parcial de esta obra, ni su incorporación a un sistema informático, ni su transmisión en cualquier forma o por cualquier medio (electrónico, mecánico, fotocopia, grabación u otros) sin autorización previa y por escrito de los titulares del copyright. La infracción de dichos derechos conlleva sanciones legales y puede constituir un delito contra la propiedad intelectual.

PREVENCIÓN EFECTIVA DE LA VIOLENCIA ESCOLAR.

Juan Carmen Rentería De León.

AGRADECIMIENTO.

Un profundo agradecimiento a todos los que participaron en la construcción y mejoramiento de esta obra, en especial a mis alumnos del Doctorado en Desarrollo Educativo de la Universidad Autónoma de la Laguna.

Para mi madre, a quien le debo todo, y para
Masiel, mi amada y paciente esposa.

CONTENIDO

Figura 1. Niña estudiante de primaria víctima de violencia escolar. Fuente elaboración propia.

Figura 2. Reunión con padres y madres de un grupo de estudiantes de secundaria que participaron en una riña dentro del aula. Fuente elaboración propia.

INTRODUCCIÓN.

> *"Una persona inteligente
> resuelve un problema.
> Una persona sabia lo evita."*
>
> ***Albert Einstein.***
>
> (Psicoativa, 2020).

Prevenir es un término que por lo regular se aplica correctamente a diversas situaciones de la vida diaria, su significado y formas de uso son claros; difíciles de olvidar o confundir, incluso para personas con baja escolaridad.

Ordinariamente las personas emplean el término **prevenir** para referirse a las situaciones en las que se debe actuar para evitar un evento que causa daño o pérdida; para disminuir su efecto perjudicial; o para retardar su llegada en caso de que resulte inevitable que suceda.

"Más vale prevenir que lamentar" (Rodríguez Chávez, 2017), reza un dicho popular que se aplica a situaciones en las que se recomienda anticiparse a la ocurrencia de algún suceso indeseable, ya que dejar que ocurra el daño puede resultar más costoso y complicado de reparar.

"Hombre prevenido vale por dos" (CVC, 2019) es otro dicho popular que se emplea para reconocer a las personas que se anticipan a los acontecimientos dañinos y no sufren contratiempos ni gastan dinero o esfuerzo por la falta de prevención.

Los sabios y filósofos le han dedicado algunas frases a la prevención, tal es el caso de Séneca, quien dijo: *"Cuando se está en medio de las adversidades, ya es tarde para ser cauto"* (Proverbia, s/f) lo cual, se interpreta casi como un reclamo dirigido a quienes no tomaron precauciones respecto a la ocurrencia de algún acontecimiento negativo.

San Isidoro de Sevilla aportó a este tema la frase: *"la prevención atenúa las molestias futuras; la previsión suaviza la llegada de los males"* (Hablemos de religión, 2010).

Miguel de Cervantes nos legó un refrán en el que advierte que no todo se puede prevenir: *"Lo que el cielo tiene ordenado que suceda, no hay diligencia ni sabiduría humana que lo pueda prevenir"* (Proverbia, s/f), advertencia en la que se establece que únicamente se puede prevenir aquello que es provocado por las personas; pero no aplica para aquello que sucede por mandato divino.

"El hombre cauto jamás deplora el mal presente; emplea el presente en prevenir las aflicciones futuras", frase a través de la cual William Shakespeare (s/f, citado por proverbia, s/f), nos dice que los males que nos ocurren se deben tomar como una experiencia que debemos convertir en acciones que impidan que esos males se repitan en el futuro.

El empleo del término prevención resulta bastante común, seguramente la mayoría de las personas sabias lo han usado alguna vez para referirse a algún episodio no deseado en su diario vivir; también hay quienes lo usan de forma profesional para diseñar y aplicar acciones orientadas a evitar que ocurra algo malo, que por cierto, en ocasiones consiguen todo lo contrario al ejecutar acciones intencionadas para prevenir que se convierten en promotoras de aquello que pretenden evitar como ocurrio con la campaña *"di no a las drogas"* que en lugar de desalentar el consumo de drogas lo incrementaron.

La mayoría de las personas coinciden en que es más barato prevenir que dar tratamiento, sin embargo, en los hechos, la prevención no es justamente valorada ni considerada a la hora de asignar los presupuestos.

Sucede con frecuencia, que por no gastar en algo que es probable que suceda, preferimos esperar a que llegue el daño o la complicación para reaccionar, por ejemplo, en el campo de la salud, en lugar de comer bien, ejercitarnos y descansar correctamente, esperamos hasta sentirnos mal para atender nuestro cuerpo; en la casa, vemos que algo puede averiarse por falta de mantenimiento y lo dejamos pasar hasta que tenemos que gastar diez veces más en reparar o sustituir lo que se dañó.

Esto sucede también en las dependencias de gobierno y en las empresas, en donde se exhibe una mala cultura de la prevención, debido a que quienes deben prevenir lo hacen a ciegas, sin contar con información sobre el riesgo que indica la probabilidad de que suceda el daño.

Para los que se dedican a la prevención, la medida de riesgo no representa únicamente la probabilidad de ocurrencia de un evento que produce daño, tambien es útil para conocer la efectividad de las acciones implementadas intencionalmente con este propósito, por ejemplo, si el riesgo de que un niño fracase en la escuela por no tener madre ni padre es de 20 veces más que en el caso de los niños que si tienen a sus padres y si la acción preventiva de ubicarlo en un hogar en donde se le atienda debidamente hace que disminuya ese riesgo de 20 a 7 veces, significa que la medida fue efectiva y colocó al niño en una posición más segura.

En un ejemplo contrario, si en una escuela, el riesgo de consumir drogas es de 33 y después de realizar una serie de acciones preventivas se vuelve a medir y el resultado permanece en 33, significa que no se previno el consumo de drogas, ya que el riesgo de consumo es el mismo antes y después de la intervención.

Para prevenir de una forma efectiva, se deben obtener las medidas de riesgo antes y después de la aplicación de las acciones de prevención, con el fin de compararlas y determinar su variación; aunque no todo el éxito conseguido en la disminución se debe atribuir a la intervención realizada, ya que frecuentemente de forma paralela a ella suceden otros eventos que también influyen en la variación de este parámetro.

Haber elegido la violencia como objeto principal de la prevención en este libro no es algo casual; se trata de uno de los principales problemas escolares y sociales en el mundo que puede alcanzar niveles de complicación inimaginables; como lo afirma Slutkin (2013) la violencia se comporta como una enfermedad infectocontagiosa y debe ser tratada como tal, con un enfoque epidemiológico; tal como sucede en el campo de la salud, prevenir la enfermedad es mejor y más económico que tratarla, con esto se mitiga o se evita el dolor, el sufrimiento, las complicaciones y en ocasiones la muerte.

Slutkin (2013, citado por Ruiz-Healy, 2014), afirma que, si la violencia puede ser vista como una enfermedad contagiosa, puede ser tratada y prevenida de igual manera y no mediante soluciones que han demostrado ampliamente ser ineficaces como son: la penalización más severa, la persecución más intensa y el encarcelamiento de la mayor cantidad de personas violentas.

El manejo de la violencia escolar desde un enfoque epidemiológico ofrece la posibilidad de que su prevención sea tan efectiva como sucede en el campo de la salud con las enfermedades, por lo cual en esta propuesta de prevención de la violencia escolar (como ocurrió en el caso del concepto de diagnóstico), se han tomado *"prestados"* de la epidemiología, los métodos, las técnicas, los procedimientos y algunos términos que permiten aproximarse de una manera científica y precisa al concepto de riesgo, de su mitigación y eliminación a través del proceso conocido como prevención.

El hecho de contar con la posibilidad de estimar el riesgo de violencia escolar: por factor, por dimensión, por institución educativa, por zona escolar, por nivel educativo; y poder determinar el impacto atribuible al conjunto de acciones de un programa de prevención, ubica a la escuela en una posición de ventaja respecto a las viejas e ineficaces formas de prevención practicadas por mucho tiempo con resultados imposibles de medir como consecuencia de no contar con indicadores de riesgo que permitan evaluar el impacto.

El propósito de esta propuesta es brindarles las herramientas preventoras suficientes a: educadores, investigadores, funcionarios, padres y madres de todos los niveles educativos, con la finalidad de que su participación en la prevención escolar resulte verdaderamente efectiva.

Dr. Juan Carmen Rentería De León.

CAPÍTULO 1

EL LENGUAJE DE LA PREVENCIÓN.

Contenido.

1.1 La prevención.
1.2 Tipos de prevención.
1.3 Medición del riesgo y de la prevención.

1.1 La prevención.

Figura 3. Elementos de la Prevención.

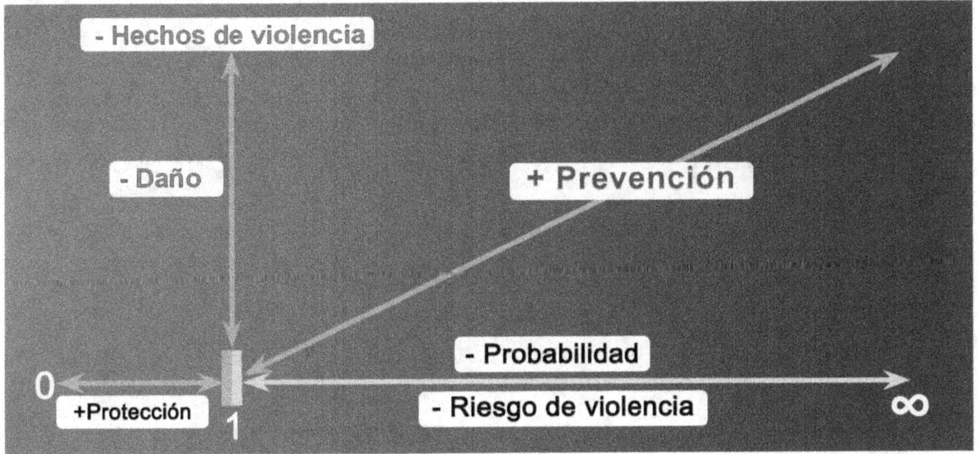

Fuente: *Elaboración propia.*

La palabra prevención, proviene del latín *"praeventio"* que significa "preparación para hacer algo o evitar un riesgo"; se compone por el prefijo **pre-** que significa antes, **venire** cuyo significado es venir y el sufijo **-ción** que significa acción o efecto; a partir de estos elementos se presenta la siguiente definición *"preparación y disposición que se hace anticipadamente para evitar un riesgo o ejecutar algo"* (DLE, s/f).

Debido a las ventajas que tiene la prevención (desde el nivel personal hasta el nivel macro social), se han desarrollado programas para prevenir eventos como: las enfermedades, los desastres, los accidentes, la violencia, la delincuencia y una gran variedad de siniestros como los accidentes de tránsito, sin embargo, en muy pocos casos se hace contando con el dato de la magnitud riesgo.

Las instituciones educativas por su parte, cuentan con programas para la prevención de la violencia y la mejora de la convivencia escolar, los cuales incluyen protocolos para tratar los casos de una gran variedad de situaciones de riesgo, así como las acciones para prevenirlas, todo esto, con el objetivo de *"contribuir al desarrollo de aprendizajes y ambientes escolares que favorezcan la convivencia inclusiva, democrática y pacífica en las escuelas participantes en el Programa."* (DOF, 2014), por desgracia, hasta ahora no existe evidencia de que estos programas hayan producido algún impacto significativo en la pacificación de la población escolar, en donde la violencia prevalece y se complica a pesar de los esfuerzos realizados.

Esta falta de impacto en el comportamiento de la violencia puede tener su origen en las siguientes situaciones que aparecen con regularidad en la aplicación de diversos programas de prevención escolar:

a. Carencia de un diagnóstico de riesgo de violencia escolar.
b. Tratamiento genérico a las escuelas como si fueran iguales.
c. Situaciones de riesgo universales carentes de medida.
d. Falta de determinación de los factores de riesgo presentes en la escuela.
e. Deficiente capacitación para la gestión de riesgos.
f. Ausencia de control de las acciones de prevención de la violencia escolar.
g. Deficiente seguimiento al proceso de prevención de la violencia escolar.
h. Inexistencia de un mecanismo de evaluación del impacto de los programas de prevención de la violencia escolar.
i. Insuficiencia de los recursos para modificar la situación de riesgo de violencia escolar.

La presencia de estas situaciones en la operación de los programas de prevención, impide tener un conocimiento preciso del riesgo de violencia en la escuela, provoca fallas en la elección de las acciones designadas para mejorar la situación escolar en cuestión y como consecuencia; imposibilita la evaluación del impacto del programa.

A continuación, se detallan estas situaciones.

a. Carencia de un diagnóstico de riesgo de violencia escolar.

La lógica indica que al tratar una enfermedad o padecimiento, primero se debe determinar de que enfermedad o padecimiento se trata; en concordancia con esto, en el manejo de la violencia, las primeras tareas deben ser: determinar su presencia o ausencia, contar los casos para conocer la proporción que guardan respecto a la población (prevalencia) y analizar la frecuencia con que aparecen los nuevos casos (incidencia) (Fajardo, 2017).

Una vez obtenidos los datos de frecuencia de la violencia escolar, se procede a obtener el riesgo de que aparezcan más eventos de este tipo (dato esencial para iniciar un programa de prevención), tarea que por desgracia, no se realiza en las escuelas y, sin diagnóstico preciso no hay tratamiento efectivo.

b. Tratamiento genérico a las escuelas como si todas fueran iguales.

Cada institución educativa es singular, no existen dos escuelas iguales; su situación, sus características y su problemática son únicas, incluso para las que comparten el mismo edificio en los turnos matutino y vespertino, por lo tanto, si la problemática de la violencia en dos o más escuelas es distinta, su tratamiento también debe ser diferenciado, lo cual en la realidad no sucede así, ya que las soluciones que se ofrecen son idénticas para todas, lo cual viola el principio de singularidad de las escuelas; es por eso que invariable e inevitablemente estos esfuerzos terminan en fracaso.

Cada escuela representa un caso único, y como tal debe ser tratado.

c. Se parte de situaciones de riesgo universales.

Sin duda existen situaciones y factores de riesgo que son universales, que se deben vigilar y evitar aquí y en China para no ser víctimas de daños, lo que no resulta ser universal ni constante, es la magnitud del riesgo que ofrece cada una de las situaciones, por lo que se debe determinar su medida en cada caso, por ejemplo, la falta de atención de parte de los padres a sus hijos es un factor de riesgo universal para la violencia y es aplicable a cualquier familia en cualquier parte del mundo, pero con toda seguridad la medida de riesgo es distinta en cada caso.

Las escuelas de una zona escolar pueden presentar el mismo factor de riesgo para la violencia, como puede ser la falta de vigilancia durante el tiempo de receso en el que los estudiantes conviven en los patios escolares, pero la intensidad de ese riesgo seguramente será diferente en todas ellas.

Partir de una situación de riesgo universal impide la posibilidad de conocer y evaluar la variación de ese riesgo como posible efecto de las acciones de prevención implementadas.

d. Falta de determinación de los factores de riesgo presentes en la escuela.

Como ya se mencionó, existen factores de riesgo universalmente identificados, pero como en toda regla existen excepciones, por lo que lo más inteligente y recomendable cuando se desea conocer el riesgo de violencia en cualquier escuela, es partir de los factores de exposición y verificar antes que todo su asociación con el problema en cuestión, para enseguida establecer la presencia y magnitud del riesgo en cada uno de los factores.

Determinar los factores de riesgo exige un nivel básico de conocimientos sobre la metodología de la investigación y las pruebas estadísticas de asociación y determinación del riesgo, por lo que estas carencias "justifican" que el personal de las escuelas tome como suficientes para la implementación de programas de prevención de la violencia escolar, las situaciones genéricas de riesgo que se le ofrecen en los programas de prevención y considere como innecesaria la determinación de los factores de riesgo y su medida.

e. Deficiente capacitación al personal para la gestión de riesgos.

Aunque los eventos negativos a los que están expuestos los miembros de las comunidades escolares son muchos y casi todos ellos se pueden prevenir, la capacitación en el tema de la prevención no es ni muy abundante ni frecuente, por lo que resulta raro encontrar en las escuelas, personal calificado para una verdadera prevención escolar;
el fracaso escolar, la violencia, el consumo de drogas, el embarazo en adolescentes, la obesidad y los accidentes de tránsito, son algunos de los campos en los que resulta evidente la falta de capacitación para la prevención.

f. Ausencia de control de las acciones de prevención de la violencia escolar.

La omisión de la medición del riesgo, hace imposible dar seguimiento a las acciones de prevención en función de un objetivo evaluable, simplemente se realizan actividades que se cree que servirán para prevenir y se informa en función de cuantas personas participaron, cuantas pláticas se dieron, durante cuanto tiempo; pero no se dice si el riesgo de violencia bajó, permaneció igual o se incrementó durante el periodo de intervención para la prevención de la violencia escolar.

Lo anterior es muy frecuente en los informes oficiales y en los no oficiales, en donde independientemente del propósito, la finalidad o incluso los objetivos y las metas del proyecto, el impacto se mide según las personas contactadas y atendidas a través de las acciones implementadas y no por la variación del riesgo.

Para ilustrar lo anterior, tomemos el programa de prevención del consumo de drogas DARE que durante varios años impartió pláticas en un buen número de escuelas de educación básica con el objetivo de prevenir (disminuir o eliminar el riesgo) el consumo de drogas, cuyo impacto se determinó a partir de la cantidad de niños que escucharon sus pláticas, y no por la variación del riesgo logrado y su relación con la incidencia, la prevalencia de casos de consumo de drogas; o bien, por la asociación con las pláticas de *"di no a las drogas"* realizadas durante el tiempo de aplicación del programa y la variación del riesgo; la cantidad, proporción y velocidad de aparición de los casos.

Lo que no se mide no se mejora, dicen los expertos, sin embargo, existe la posibilidad de que lo que no se mide si mejore, pero sin medida no es posible saber cuánto mejoró y como seguramente tampoco se controló el proceso, ser difícil asegurar si la mejora lograda fue el resultado del trabajo realizado o de algo distinto a las acciones de intervención.

g. Deficiente seguimiento al proceso de prevención de la violencia escolar.

Así como no se ha desarrollado en el ámbito educativo la cultura de la prevención, tampoco se ha avanzado mucho en cuanto a la cultura del registro y el seguimiento de los procesos, lo cual, si no se conocen las pruebas estadísticas para hacer comparaciones entre los datos del antes y el después de una situación podría tener sentido, ¿para qué acumular datos que al final de cuentas no significan nada?

Lo aconsejable en todo caso es, no dejar que las cosas permanezcan como hasta ahora, sino capacitar a las personas indicadas para que se apropien de las herramientas que les permitan tener el control de lo que hacen y mejorarlo.

h. Inexistencia de un mecanismo de evaluación del impacto de los programas de prevención de la violencia escolar.

Cuando se inicia un viaje sin saber a donde ir, para se dónde vaya va bien; cuando sabe a dónde ir pero no se sabe a donde se quiere llegar, a donde llegue estará bien.

Según la analogía anterior, cuando se implementan una serie de acciones, pero no se sabe que se desea lograr con ellas, entonces lo que se logre estará bien, de igual manera, si se tiene claro lo que se quiere lograr, pero no se cuenta con la magnitud de lo que se quiere, entonces sea cual sea el tamaño de lo logrado, estará bien.

El impacto se refiere al efecto que causa la aplicación de un programa, de prevención en este caso y en buena medida este efecto se establece de manera hipotética en el objetivo del programa. A continuación, con la finalidad de identificar el impacto esperado, se ofrecen varios ejemplos de los objetivos que se proponen lograr algunos programas de prevención:

Ejemplo 1. *Programa Nacional de Convivencia Escolar.*

"Favorecer el establecimiento de ambientes de convivencia armónica y pacífica, que coadyuven a prevenir situaciones de acoso escolar en Escuelas Públicas de Educación Básica, propiciando condiciones para mejorar el aprovechamiento escolar" (SEP, 2018).

Ejemplo 2. *Programa de prevención escolar Escuela Segura.*

"Su objetivo es contribuir al desarrollo de aprendizajes y ambientes

escolares que favorezcan la convivencia inclusiva, democrática y pacífica en las escuelas participantes en el Programa" (SEP, 2019).

Ejemplo 3. *Programa Mochila Sana y Segura.*

DOF (2014) establece *"...que los alumnos dentro de la mochila, no porten ni introduzcan a los planteles educativos, objetos punzo-cortantes, armas de fuego, drogas o sustancias tóxicas, aerosoles, plumones de tinta indeleble, o cualquier objeto que sirva para grafitear, juguetes bélicos y revistas de cualquier índole, así como los que puedan ser utilizados para causar daño o atenten contra la salud física o moral de los alumnos y aquellos que previo acuerdo con los padres de familia se cataloguen como prohibidos".*

Ejemplo 4. *Construye-T.*

"Su objetivo es mejorar los ambientes escolares y promover el aprendizaje de las habilidades socio-emocionales de las y los jóvenes para elevar su bienestar presente y futuro y puedan enfrentar exitosamente sus retos académicos y personales" (SEP, 2020).

Ejemplo 5. *Programa Nacional de Prevención del Delito.*

"El programa busca atender los factores de riesgo, de protección vinculados a la violencia y la delincuencia, para a su vez mejorar la seguridad pública mediante: Competencias ciudadanas para la prevención social y La prevención de las violencias y la delincuencia" (DOF, 2018).

Estos programas tienen algo en común: todos son de carácter preventivo y su objetivo esencial es eliminar o disminuir un riesgo, debido a lo cual, el impacto de su aplicación debiera determinarse en función de la variación del riesgo que se haya logrado mediante la aplicación de las acciones correspondientes y no de cualquier otra cosa.

Todos estos programas acaban por informar sus resultados de la siguiente manera:

- Se atendieron 100 escuelas.

- Se platicó con 20, 000 niños.
- Se entrevistaron 300 madres y padres de familia.
- Se realizaron 10 conferencias.

Resulta muy difícil encontrar en este país algún programa de prevención, oficial o privado que haya fracasado, todos resultan ser un éxito, aunque en la realidad, los problemas que abordan no se resuelven; por el contrario, que crecen y se complican.

Una muestra de esto la encontramos en el Programa Escuela Segura PES, en donde el CONEVAL en su ficha de monitoreo de este programa, revela lo siguiente:

"El indicador de fin mide el porcentaje de escuelas públicas primarias y secundarias beneficiadas por el PES, que logran el nivel elemental o más en la prueba ENLACE... Y aquellas escuelas que fueron beneficiarias del programa durante 2 años o más que mejoran su valoración de la seguridad escolar respecto al año anterior... No obstante, este resultado no proviene de una evaluación de impacto" (CONEVAL, 2013).

Esto indica claramente que el impacto que produzcan los programas de prevención, no representa una preocupación para quienes los originan ni para quienes los coordinan; lo importante al parecer es únicamente el efecto mediático producido, así como la generación de la sensación de que se trabaja en la solución del problema, aunque realmente no exista un problema planteado y, mucho menos la posibilidad de conocer el impacto de las acciones para resolverlo.

i. Insuficiencia de los recursos para modificar la situación de riesgo de violencia escolar.

En el campo de la violencia escolar es poco frecuente encontrar un problema adecuadamente planteado, aunque es justo reconocer que al menos como excepción a la regla seguramente existen y que la falta de solución a los problemas no representa una carencia metodológica; sino de otros recursos necesarios para resolver de raíz el problema.

Los factores de riesgo en los que no es sencillo o que de plano resulta imposible lograr alguna modificación como: la pobreza, la falta de empleo, la marginación socio económica, son conocidos como marcadores y no deben representar el pretexto para no actuar en lo que si es posible mejorar.

La carencia de recursos para prevenir algún daño no únicamente se refiere a los de orden económico o material, la falta de prevención efectiva en nuestro país también se debe en buena medida a la falta de recursos metodológicos e instrumentales para: medir, evaluar y determinar los logros; es decir, obtener el impacto de la prevención.

El efecto de las acciones de prevención se mide por la variación del riesgo.

"Para ser inteligentes sobre la delincuencia, no deberíamos estar en condiciones de reaccionar constantemente al crimen después de que ocurra. Deberíamos estar buscando en la prevención del delito antes de que suceda".

Kamala Harris.

(Zavala Urquides, E., 2017).

1.2 Tipos de prevención.

Figura 4. Tipos de Prevención aplicados a la violencia.

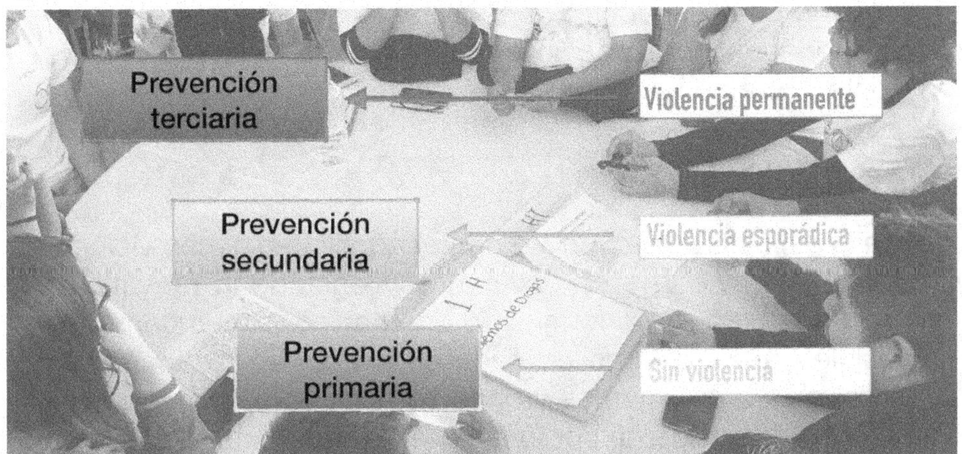

Fuente: *Elaboración propia.*

Pensar que la prevención es algo simple sería un error, no solamente se aplica para evitar el primer evento con probabilidad de ocurrencia y consecuencias negativas; se puede prevenir que algo suceda por primera vez, pero también se puede prevenir la reincidencia moderada y grave.

Si no fue posible evitar sufrir un daño por primera vez, entonces la prevención se aplica para evitar que se repita, incluso, si ya sucedió una primera, una segunda y varias veces más; entonces la prevención se debe aplicar para evitar o mitigar las posibles complicaciones resultantes del daño reiterado.

En concordancia con lo anterior, la OMS (Organización Mundial de la Salud), (citada por Julio, Vacarezza, Álvarez, & Sosa, 2011) maneja 3 tipos o niveles de prevención:

> *1.2.1 Prevención primaria.*
> *1.2.2 Prevención secundaria.*
> *1.2.3 Prevención terciaria.*

1.2.1 Prevención primaria.

Esta clasificación de la prevención fue creada originalmente para aplicarse en el campo de la salud, sin embargo resulta aplicable a una gran cantidad de campos de la actividad humana como la violencia, según lo cual, si el objetivo es evitar la ocurrencia del primer conflicto, entonces la prevención es primaria y se ejecuta cuando aun no existe el problema.

1.2.2 Prevención secundaria.

Lo ideal en la escuela es prevenir el primer conflicto o hecho violento y evitar que se convierta en problema, privilegiando la prevención primaria sobre las otras dos formas de prevención, sin embargo, es casi imposible que a lo largo de cada ciclo escolar no aparezcan casos en donde los estudiantes ya han participado por primera vez en algún hecho de violencia, por lo que necesariamente tendría que aplicarse la prevención secundaria para evitar la reincidencia y con ello el crecimiento del problema.

1.2.3 Prevención terciaria.

Eventualmente, van a aparecer hechos de violencia escolar reiterada, en este caso, si el objetivo es que los estudiantes que ya han participado en uno o varios hechos de violencia, comprendan que la violencia no es una manera inteligente ni sabia de encarar y solucionar sus conflictos, circunstancia en la que aplica la prevención terciaria, ya que esta planteada para evitar que la violencia se complique y provoque consecuencias que lamentar.

1.3 Medición del riesgo y la protección.

Figura 5. Relación entre el Riesgo y la Protección.

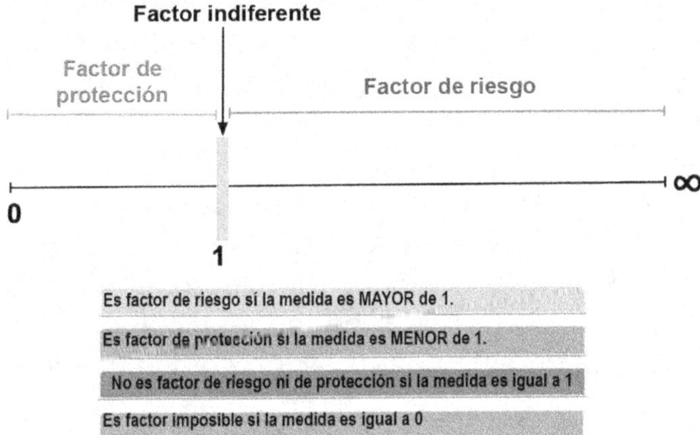

Fuente: *Elaboración propia.*

La protección, es lo opuesto al riesgo, según lo cual, un factor se considera de protección, cuando está asociado al problema pero su medida de riesgo es menor de 1 y mayor que 0, por ejemplo, si el factor *cuidado de los hijos* esta relacionado con la violencia, y su OR es de 0.75, significa que quienes presentan este factor, tienen un 25 % de probabilidades de no ser tocados por la violencia, es decir, los padres que cuidan a sus hijos, los protegen contra la violencia.

Un factor es de protección cuando su medida es mayor de 0 y menor de 1, tal como aparece en la figura 3; a mayor cercanía del 1 menor protección.

Según Mirón y Alonso (2008) existen dos formas de medir el riesgo de violencia: en la primera, se comparan las personas expuestas a uno o varios factores relacionados con la violencia con las no expuestas y en la segunda, la comparación se realiza entre dos grupos de personas, en donde los integrantes de uno de los grupos ya han participado en hechos de violencia y en el otro aun no lo hacen.

1.3.1 Medición del riesgo empleando personas expuestas y no expuestas a la violencia.

1.3.2 Medición del riesgo en personas que ya han participado y personas que no han participado en hechos de violencia.

1.3.1 Medición del riesgo empleando personas expuestas y no expuestas a la violencia.

En esta forma, se integran dos grupos de personas que no han participado en hechos de violencia, en uno de los grupos los integrantes están expuestos a uno o varios factores de riesgo para la violencia y en el segundo grupo no lo están.

El riesgo se obtiene después de un tiempo (que puede representar varios años), cuando algunas personas en ambos grupos se ven involucradas en hechos de violencia y son comparadas para determinar por que unas si participaron en la violencia y las otras no; el riesgo que se obtiene de esta comparación se conoce como Riesgo Relativo (RR).

1.3.2 Medición del riesgo en personas que ya han participado y personas que no han participado en hechos de violencia.

En la segunda forma, se integran dos grupos de personas, en uno de ellos los miembros ya participaron en hechos de violencia y en el otro no pero en ambos grupos las personas estuvieron expuestas a la violencia. En este caso, el riesgo se obtiene al comparar a los violentados con los no violentados y se conoce como Odds Ratio (OR).

Obtener el RR puede resultar muy tardado y costoso, en cambio, determinar el OR es rápido y relativamente barato.

Tanto el (RR) como el (OR) son medidas de asociación que se obtienen de la división de la probabilidad de que un evento ocurra sobre la probabilidad de que no ocurra.

El RR, es la razón que se obtiene al dividir la probabilidad de que un grupo de expuestos se violenten entre la probabilidad de que el grupo de no expuestos se violenten encambio, el OR se obtiene al dividir la probabilidad de que los violentos (casos) hayan desarrollado la violencia en presencia y ausencia del factor, sobre la probabilidad de que los no violentos (controles) no hayan desarrollado la violencia con la presencia y ausencia del factor.

La tabla 1 que se presenta a continuación muestra la comparación de los procedimientos para la obtención del RR y el OR a partir de dos diseños de investigación distintos como es el caso del diseño de Cohortes, empleado para la determinación del RR y, el diseño de Casos y Controles que se usa para la obtención del OR.

Tabla 1. Comparación de los procedimientos para obtener el Riesgo Relativo y el Odds Ratio.

DISEÑO DE COHORTES			
Usan el celular durante el horario do claso.	Participaron en hechos de violencia.	No participaron en hechos de violencia.	Total
Si lo usan (Expuestos)	a	b	a+b
No lo usan (No expuestos	a	b	a+b
Total	c	d	c+d

$$RR = \frac{a\,(c + d)}{c\,(a + b)}$$

DISEÑO DE CASOS Y CONTROLES			
Usan el celular durante el horario de clase.	Participaron en hechos de violencia.	No participaron en hechos de violencia.	Total
Si lo usan (Expuestos)	a	b	a+b
No lo usan (No expuestos)	a	b	a+b
Total	c	d	c+d

$$OR = \frac{a \times d}{c \times b}$$

Fuente: *Elaboración propia.*

Por tratarse de *razones*, tanto el RR como el OR carecen de unidades de medición, el siguiente ejemplo ilustra por que sucede esto:

$$OR = \frac{a \times d}{c \times b} \text{ En donde...}$$

$$OR = \frac{\text{Expuestos / Violentados} \times \text{No Expuestos / No violentados}}{\text{No Expuestos / Violentados} \times \text{Expuestos / No violentados}}$$

Las unidades del numerador eliminan totalmente a las del denominador, por esta razón el OR y también el RR carecen de unidades de medida.

El riesgo y la protección se expresan unicamente con una cantidad que cuando se trata del riesgo, representa el número de veces que es probable que suceda un evento que cause daño, para ilustrar esto, si un factor de riesgo para la violencia resultó igual a 7, significa que con su presencia, es 7 veces más probable que haya violencia que con su ausencia. A mayor medida más grande es el riesgo.

Debido a que la medida de protección siempre es menor a uno y mayor que cero, se representa con cantidades dentro de este rango, por ejemplo, si la medida de un factor resulta ser de 0.9 entonces se trata de un factor de protección, en este caso se interpreta que el grado de la protección es ligera ya que esta medida entre más se acerque a cero, el nivel de protección se incrementa.

Evalúa tu dominio del capítulo No 1:

INSTRUCCIONES PARA OBTENER TU EVALUACIÓN.

1. Haz Clic sobre el link **bit.ly/2RB15AM** *o cópialo y pégalo en tu navegador y dale* **enter***.*
2. Completa el formulario.
3. Haz clic en enviar.
4. Recibe tu calificación al instante.

CAPÍTULO 2

MEDIDAS GENERALES, DE FRECUENCIA, ASOCIACIÓN E IMPACTO.

Contenido.

2.1 Medidas generales.

Figura 6. Medidas generales empleadas para la prevención de la violencia.

Fuente: *Elaboración propia.*

Tomar el control de la violencia con el propósito de prevenirla exige en principio conocer su magnitud, para lo cual es necesario contar los casos existentes, determinar la relación entre la cantidad de personas que en los últimos meses han participado en hechos violentos y las que se mantienen libres de esta condición, así como establecer la proporción entre quienes ya fueron tocados por la violencia respecto al total de la población escolar.

También es importante determinar los parámetros que permitan la comparación entre la cantidad de casos que se han presentado en la población durante un tiempo determinado, considerando el tiempo de exposición al problema.

Con esta finalidad, se realiza un breve repaso de lo que son las principales medidas generales que, según Moreno, López, & Corcho (2000) se deben emplear en los procesos de prevención, en este caso de la violencia escolar, como son:

2.1.1 Número de casos.
2.1.2 Razón.
2.1.3 Proporción.
2.1.4 Tasa.

2.1.1 Número de casos.

Para Moreno y otros (2000) el número de casos se refiere a la cantidad total de los casos de violencia existentes en una comunidad escolar en un momento determinado, por ejemplo, si en una escuela se realiza el conteo de los involucrados en hechos violentos y una vez concluido se encuentra que son 27 personas las que se han visto envueltas en diversos eventos de esta naturaleza en un periodo determinado, entonces 27 es el número de casos.

2.1.2 Razón.

La palabra razón es derivada del latín *ratio* que en el sentido matemático representa el cociente de dos cifras, así, si se dividen 300 estudiantes no violentos entre 50 estudiantes violentos, la razón es de 6 no violentos por cada uno de los violentos, es decir la razón entre los no violentos y los violentos es de 6:1 (Moreno y otros, 2000).

Tanto el Riesgo Relativo (RR) como el Odds Ratio (OR) son razones entre expuestos y no expuestos, violentados y no violentados.

2.1.3 Proporción.

La proporción es una medida que expresa la frecuencia con la que ocurre un evento en relación con la población en la cual este puede ocurrir (Tapia Granados, 2001).

La proporción se obtiene dividiendo el número de eventos ocurridos entre la población en la que ocurrieron, de esta manera, si en un año ocurrieron diez peleas en una población integrada por 100 personas, la proporción anual de hechos violentos en esa población es de 0.1, resultado de dividir 10/100.

Las proporciones frecuentemente se expresan en porcentaje, así, en el ejemplo anterior, la proporción anual de violencia (0.1) es del 10%.

2.1.4 Tasa.

Aplicada a la violencia escolar, la tasa, según Tapia Granados (2001), se puede definir como el número de hechos de violencia ocurridos durante un año, divididos entre el tiempo en que el resto de la población que no participo en hechos de violencia estuvo expuesta y el resultado multiplicado por un múltiplo de 10 (10, 100, 1000...).

Con base en lo anterior, si en una escuela se registraron 8 hechos de violencia durante un ciclo escolar, y el tiempo que la población (100 estudiantes) que no se vio involucrada estuvo expuesta a la violencia fue de 10 meses, entonces la tasa de violencia anual es de 8/100*1000 = 80, lo que significa que por cada 1000 estudiantes sucedieron 80 hechos de violencia en el periodo señalado.

Por otro lado, si se desea calcular estas medidas generales tomando en cuenta a las personas participantes en los hechos, solo se tienen que sustituir los hechos o eventos violentos por el total de personas que participaron en ellos, así las medidas expresarían: el número, la razón, la proporción y la tasa de personas y no de eventos como se manejo anteriormente; si sucedieron 80 hechos violentos por cada 1000 habitantes en los que participaron 240 personas, entonces la tasa de personas participantes en hechos violentos es 240:1000, doscientos cuarenta por cada mil habitantes.

"Diez gramos de prevención equivalen a un kilogramo de curación".

Lao tse.

(Universidad Libre, 2020).

2.2 Medidas de frecuencia.

Figura 7. Principales medidas de frecuencia.

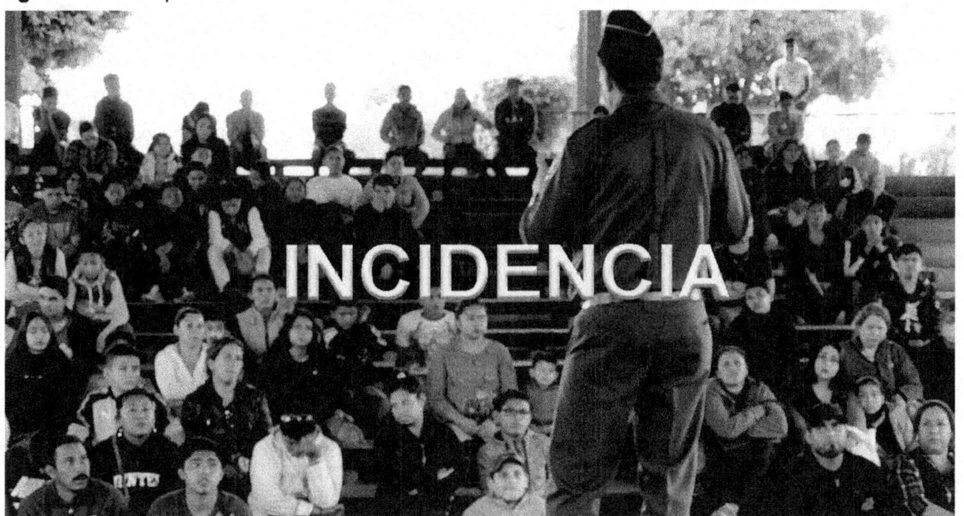

Fuente: *Elaboración propia.*

Una de las primeras acciones que conducen al conocimiento del comportamiento de la violencia escolar es la de contar los casos existentes al iniciar el proceso de prevención; esta acción se realiza con la finalidad de estimar que tanto ocurre la violencia en una comunidad escolar determinada.

Como ya se mencionó, cada escuela tiene una población escolar distinta en cantidad de: estudiantes, padres, madres y trabajadores, por lo que al contar los casos, debemos relacionarlos con el total de la población.

El total de casos de violencia en una escuela cualquiera representa el número absoluto de hechos, cifra que no sería útil si entre los objetivos se encuentra el de comparar la violencia en dos o más escuelas de una zona, revisemos un caso ficticio: si en la escuela "Benito Juárez" con una población de 450 integrantes, se identifican 56 casos de violencia, y en la escuela "Francisco Villa", con una población de 723 integrantes se contabilizan 62 casos de violencia, ¿cuál de las dos escuelas es más violenta?, si se toman como base únicamente las cifras o números absolutos de las escuelas, en donde una presenta una mayor cantidad de casos que la otra, sería una equivocación declararla como la escuela con mayor violencia de las dos.

Para evitar estas equivocaciones y hacer una comparación más justa entre varias escuelas, se deben emplear dos medidas de las cuales, la primera sirve para contar los casos en un momento determinado; la segunda se utiliza para contar los casos que se vayan presentando a lo largo del periodo escolar.

Según Fajardo (2017) las medidas de frecuencia más importantes son:

> *2.2.1 La prevalencia.*
> *2.2.2 La incidencia.*

A continuación se detalla en que consisten:

2.2.1 La prevalencia.

La prevalencia es una medida de frecuencia que sirve para indicar la proporción de personas violentas en una comunidad escolar y se calcula dividiendo la cantidad de personas violentas existentes en un momento determinado, entre la población total (Fajardo, 2017).

Para ejercitar la aplicación de esta medida analicemos la siguiente situación: en una comunidad escolar compuesta por 320 personas, se identifican 50 estudiantes que participaron en hechos de violencia al inicio del ciclo escolar, posteriormente se presentan 80 estudiantes más durante el resto del periodo escolar 2019-2020.

¿Cuál es la prevalencia al finalizar el ciclo escolar 2019-2020?

Para calcular la prevalencia en este caso, se divide la cantidad total de estudiantes (50+80 =130) entre el total de la población, es decir 130/320= 0.40 o 40% entonces, la prevalencia es del 40%.

2.2.2 La incidencia.

Es la medida que indica la cantidad de personas o casos de violencia que se presentan en una comunidad escolar durante un periodo determinado, por lo tanto, una cifra de incidencia expresa la velocidad con que las personas no violentas se vuelven violentas.

La incidencia se calcula dividiendo la cantidad de los casos nuevos durante un cierto periodo de tiempo entre la población en riesgo de violencia (Pineda Ovalle, Sierra Arango, & Otero Regino, 2006).

Con la finalidad de diferenciar la prevalencia y la incidencia, se presenta la situación anterior desde un ángulo diferente: En una comunidad escolar compuesta por 320 personas, se identifican 50 casos de violencia al inicio del ciclo escolar, posteriormente se presentan 80 casos de violencia durante el resto del periodo escolar.

¿Cuál es la incidencia?

Para determinar la incidencia en este caso, lo primero que se debe hacer es restarle los 50 casos iniciales a la población total de 320 personas para separarlos la población que aun no participa en hechos violentos, pero que está en riesgo, dando un total de 270 personas en riesgo.

Enseguida se divide la cantidad de casos nuevos, que suman 80, entre la población en riesgo que son 270, el resultado es 0.29 o 29% de incidencia, que como cifra de velocidad se expresa como: 29 casos de violencia por cada 100 estudiantes por ciclo escolar.

La prevalencia y la incidencia son dos medidas de frecuencia, la primera indica la proporción de casos que se tienen en un momento determinado; la segunda representa la velocidad con la que aparecen los nuevos casos.

"El minimizar las pérdidas es tan provechoso como maximizar las utilidades".

Louis Allen.

(Vázquez Arango, N., 2019).

2.3 Medidas de asociación.

Figura 8. La asociación al problema.

Fuente: *Elaboración propia.*

Las medidas de asociación, de acuerdo con Fuentes y Del Prado (2013), sirven para establecer la relación y la fuerza de la relación entre la violencia y los factores de carácter: personal, familiar, escolar y del contexto social.

Obtener estas medidas representa un avance importante en el conocimiento del comportamiento de la violencia en una comunidad educativa determinada, ya que permiten revelar los factores asociados al problema y dependiendo de su fuerza de asociación, muestran también la medida de riesgo presentan los factores asociados.

Las medidas de asociación que aquí se proponen para el manejo de la violencia escolar son:

2.3.1 El Riesgo Relativo (RR).
2.3.2 El Odds Ratio (OR)

Por la facilidad para su obtención, el OR es la medida que se perfila como la preferida en los procesos de prevención escolar.

2.3.1 El Riesgo Relativo (RR).

El RR se obtiene a partir de dos grupos de personas libres de violencia, de los cuales uno esta expuesto a uno o varios factores asociados a ella y el otro no (Fuentes y Del Prado, 2013), supongase que en una escuela se obtuvieron los siguientes datos:

Tabla 2. Cálculo del Riesgo Relativo.

EXPOSICIÓN	EFECTO		Total
	Violentados	No Violentados	
Expuestos	9	1	10
No Expuestos	3	11	14
Total	12	12	24

Fuente: *Elaboración propia.*

En la tabla 2 se muestra a 10 personas expuestas, de las cuales 9 ya han participado en hechos de violencia y a 14 personas no expuestas, de las cuales 3 han participado en hechos de violencia, de una población total de 24 personas.

Para obtener el RR se multiplican las personas expuestas violentadas (9), por el total de no expuestas (14) con un resultado de 126.

Luego se multiplican las personas no expuestas violentadas (3), por el total de personas expuestas (10), con un resultado de 30.

Se divide 126/30 con un resultado de 4.2

El RR es igual a 4.2, lo que se interpreta de la siguiente manera:

Las personas expuestas a los factores de riesgo para la violencia tienen 4.2 veces más probabilidades de participar en hechos violentos que las personas no expuestas a esos factores.

2.3.2 El Odds Ratio (OR).

La segunda medida de asociación planteada por Fuentes y Del Prado (2013) es el Odds ratio, una medida de estimación del riesgo, que por la economía y rapidez para su obtención representa la opción más atractiva para se empleada en la prevención de la violencia escolar.

Tabla 3. Cálculo del Odds Ratio.

EXPOSICIÓN	EFECTO		Total
	Violentados	No Violentados	Total
Expuestos	9	1	10
No Expuestos	3	11	14
Total	12	12	24

Fuente: *Elaboración propia.*

El OR, a diferencia del RR, se basa en la comparación de un grupo de personas que ya presentan el problema de la violencia, con otro grupo en el que sus integrantes aun no han participado en hechos de violencia, lo cual hace muy rápida la determinación del OR, al no tener que esperar a que las personas libres de violencia participen en hechos de este tipo, cosa que pudiera representar una espera de meses e incluso años.

Para obtener el OR empleando los datos de la tabla 3, se multiplican las personas expuestas violentadas (9), por la cantidad de personas no expuestas no violentadas (11) con un resultado de 99.

Acto seguido, se multiplican las personas no expuestas violentadas (3), por el total de personas expuestas no violentadas (1), lo cual arroja un resultado de 3. Finalmente se divide 99/3 con un resultado de 33.

El OR es igual a 33, lo que se interpreta de la siguiente forma:

Las personas expuestas a los factores de riesgo para la violencia tienen 33 veces más probabilidades de participar en hechos de violencia que las no expuestas a esos mismos factores.

"*Desgraciadamente, la mayoría de las mediciones que se practican en la actualidad en el campo de la seguridad, hacen necesario que los accidentes que significan pérdidas de cierta consideración tengan que ocurrir primero, antes que sea posible la identificación de los problemas que causan estos accidentes*".

Dr. W. E. Tarrants.

(Rubio Ferrer, J.J. y Villaroel Valdemoro, S., 2012).

2.4 Medidas de impacto.

Figura 9. Impacto de las acciones de prevención.

Fuente: *Elaboración propia.*

Existen en la epidemiología diversas medidas de impacto o efecto totalmente aplicables al estudio del comportamiento de la violencia escolar.

Cuando el impacto es el resultado de la eliminación de la exposición en los expuestos, las medidas son: el riesgo atribuible (RA), la fracción etiológica (FE), la reducción del riesgo relativo (RRR) o fracción atribuible a los expuestos y la reducción absoluta del riesgo (RAR).

Ahora bien, cuando el impacto es el resultado de la eliminación de la exposición en la población, las medidas son: El riesgo atribuible a la población (RAP) y el porcentaje de riesgo atribuible a la población (%RAP) o fracción atribuible a la población (Mirón y Sardón, 2008).

Para el caso de la prevención de la violencia escolar, hay dos tipos de medidas de impacto que resultan de mayor interés: las que miden la exposición a un factor de riesgo y las que miden la exposición a un factor de protección.
El impacto a partir de la exposición a un factor de riesgo se mide a través de la reducción del riesgo relativo (RRR) o de la reducción del Odds Ratio (ROR).
El impacto a partir de la exposición a un factor de protección se mide a través de la reducción absoluta del riesgo (RAR).

Cuando se realiza un proceso de prevención, primeramente se mide el riesgo (RR u OR), enseguida se programan y ejecutan una serie de acciones de prevención, con las que se pretende lograr la conversión de factores de riesgo a factores de protección, cuestión que representa el efecto deseado, el grado de neutralización de los factores de riesgo y fortalecimiento de los factores de protección, esto es lo que expresa la medida de impacto a través de la reducción absoluta del riesgo (RAR) al indicar la variación del riesgo producido por la aplicación de las acciones de prevención de la violencia escolar.

El impacto de un proceso de prevención se centra en la variación del riesgo, indicador del que siempre se espera una disminución significativa; que su medida se aproxime lo más posible a 1 y en dependencia de la efectividad de la prevención descienda hasta convertirse en un factor de protección con una medida menor que 1 y mayor que 0.

Evalúa tu dominio del capítulo No 2:

INSTRUCCIONES PARA OBTENER TU EVALUACIÓN.

1. Haz Clic sobre el link **bit.ly/3573W8B** *o cópialo y pégalo en tu navegador y dale* **enter**.
2. Completa el formulario.
3. Haz clic en enviar.
4. Recibe tu calificación al instante.

CAPÍTULO 3

Contenido.

3.1 Riesgo de violencia escolar.

3.2 El riesgo, su significado.

3.3 Medición del riesgo.

3.4 Los factores de riesgo para la violencia escolar.

3.5 Características generales de los factores de riesgo para la violencia escolar.

3.6 Tipos de factores de riesgo para la violencia escolar.

3.1 Relación riesgo-prevención.

Figura 10. Relación existente entre el riesgo y la prevención.

Fuente: *Elaboración propia.*

Los términos *riesgo* y *prevención* se encuentran estrechamente relacionados, según Deza Villanueva (2005), prevenir es hacer variar un riesgo ya sea eliminándolo definitivamente o disminuyendo su intensidad.

El riesgo es por excelencia el indicador de la prevención, y esta, sin la presencia de un riesgo es inconcebible.

De acuerdo con lo anterior, resulta inútil formular un programa de prevención para un evento que es improbable que ocurra o que por su baja probabilidad de ocurrencia no despierta interés.

El riesgo está presente en un sin fin de eventos de la vida diaria, de hecho, la vida misma representa un riesgo constante a cada segundo, a cada paso, cruzar la calle representa el riesgo de ser atropellado por un conductor distraído o por una distracción propia; caminar por la calle ofrece el riesgo de tropezar con un objeto abandonado, ser mordido o asustado por un perro; comer en la calle, implica el riesgo de enfermar del estómago; realizar un trabajo expone al riesgo de lastimarse con alguna herramienta o material; bañarse presenta el riesgo de resbalarse y lesionarse.

Sobrevivir, es el resultado de sobreponerse a los riesgos que ofrece la actividad del día a día, de tal forma que, conocer esos riesgos y realizar las acciones adecuadas para evitar o disminuir el daño es a lo que llamamos prevención (Deza Villanueva, 2005).

La determinación de un riesgo consiste en calcular la probabilidad de que ocurra un evento negativo (Echemendía Tocabens, 2011).

Tener un buen dominio del riesgo resulta fundamental para las compañías aseguradoras, ya que, a mayor riesgo de morir, de enfermar o de tener un accidente automovilístico, mayor será el cobro al asegurado, un seguro de vida es más caro mientras más cerca se está de la muerte; entre más años de vida tenga una persona, más tendrá que pagar por un seguro de este tipo.

Si alguien ha tenido varios accidentes de auto, el riesgo de que se vuelva a accidentar es más alto que para quien nunca ha tenido un accidente automovilístico, por lo que cada vez tendrá que pagar más para adquirir su seguro contra accidentes.

La cultura de la gestión de riesgos está más desarrollada en las empresas (Morón, Reyes y Urbina, 2015) que, en el sector educativo; los empresarios prefieren invertir en prevenir los accidentes de trabajo que tener que pagar grandes sumas de dinero por: fallecimientos, incapacidades e indemnizaciones y contratiempos en la producción, lo que al parecer aun no comprendemos cabalmente en las instituciones educativas públicas y privadas.

3.2 Riesgo de violencia.

Figura 11. Probabilidad de ocurrencia de la violencia.

Fuente: *Elaboración propia.*

El término ***riesgo*** tiene su origen en la palabra árabe *"rizq"* que significa *"lo que depara la providencia"* y representa la probabilidad incrementada de que ocurra un evento que produce un daño (Echemendía Tocabens, 2011)

El riesgo se refiere a un evento que aún no sucede, pero que está más o menos próximo a suceder y su ocurrencia causará algún tipo de daño o pérdida.

El riesgo, de acuerdo con Moreno y otros (2000) presenta dos componentes o parámetros:

- *La probabilidad de que ocurra el evento negativo.*
- *El tamaño o magnitud del daño o perdida.*

A la proximidad o cercanía de un evento negativo es lo que se conoce como riesgo, por lo tanto, el riesgo no siempre es el mismo, su magnitud es variable, así, cuanto más grande resulte la probabilidad (medida de riesgo) más cercano estará de suceder el evento dañino; entre más pequeña sea la probabilidad, más lejana está la ocurrencia del daño.

Con la finalidad de mejorar la comprensión sobre el concepto de riesgo, se propone la siguiente situación hipotética:

Juan es profesor en una escuela y que el arma de fuego más cercana a él se encuentra descargada a 1 km de distancia en la casa de Genaro, uno de sus alumnos, la probabilidad de que Juan recibía una herida por arma de fuego existe, pero es baja en tanto el arma existe, pero además de estar lejos se encuentra descargada.

Si el arma mencionada continua en el mismo lugar, pero ahora se encuentra cargada, la probabilidad de que Juan sea herido por arma de fuego ahora es mayor, aunque aún la probabilidad es baja.

Ahora bien, si Genaro lleva el arma a la escuela, la probabilidad de recibir una bala se incrementa de manera directa en relación con la cercanía, a menor distancia de Juan, la probabilidad de ser herido es mayor, pero si el estudiante que trae consigo la pistola se acerca a Juan, el riesgo crece aún más, de manera tal que si el estudiante armado ahora le apunta a Juan, la probabilidad de recibir un balazo en este momento es mucho mayor que cuando el arma estaba guardada y descargada a 1 km de distancia de la escuela.

En esta situación, el factor de riesgo siempre fue el mismo: el fácil acceso a las armas de fuego, sin embargo, su tamaño o magnitud (medida de riesgo) fue creciendo mientras el arma se acercaba al punto en donde Juan se encontraba.

Continuando con el mismo cuento, se sabe que en la zona escolar en donde está ubicada la institución en donde trabaja Juan, se encuentran otras 3 escuelas ubicadas a: 2, 3 y 4 Km de distancia del lugar en donde originalmente se encuentra el arma guardada y descargada, pero las tres escuelas comparten la preocupación de que alguien de sus comunidades escolares sea herido por arma de fuego; para ellas, incluyendo la escuela de Juan, el factor de riesgo es el mismo, pero la proximidad del arma más cercana es distinta, por lo tanto la intensidad del riesgo es también distinta.

Siguiendo con esta analogía pero desde otro ángulo, supongase ahora que el arma descargada se encuentra entre la escuela de Juan y una de las 3 escuelas de la zona escolar, es decir, que en la medida que el arma avanza hacia Juan en consecuencia se aleja de la escuela opuesta a la suya, y por lo tanto, el riesgo de ser herido por arma de fuego aumenta para Juan, pero para quienes están en la escuela opuesta, el riesgo disminuye.

Las 4 escuelas de la zona, (incluyendo la de Juan) desean formular y aplicar un programa de prevención de la violencia escolar seleccionando como uno de los factores de riesgo el fácil acceso a las armas de fuego, se conoce que la distancia del arma de fuego más próxima es distinta para cada uno de los 4 casos y que la escuela de Juan está relacionada con el arma, debido a que uno de los habitantes de la casa en donde se encuentra el arma es estudiante de su escuela y nadie más en esa la familia tiene relación con el resto de escuelas de la zona, por lo que surgen las siguientes preguntas ¿el manejo de la prevención debe ser igual para las 4 escuelas? ¿las acciones preventivas deben ser las mismas para todas?

La respuesta lógica a estas preguntas es NO, la situación de cada escuela es distinta y por lo tanto, aunque se trate del mismo factor, las acciones de prevención deben ser diferentes para cada una de las escuelas.

Para concluir la historia, se dio a conocer que como parte del programa de prevención, la escuela de Juan tiene programadas una serie de acciones para convencer a los padres de Genaro de que lo mejor para el niño es cambiarse a otra escuela donde el ambiente le sea más favorable, mientras las otras tres escuelas han incluido acciones preventivas con el objetivo de convencer a los padres de Genaro de que sus escuelas no son una buena opción para su hijo.

A partir del ejemplo anterior, la prevención escolar no solo de la violencia, sino de todo lo que la escuela se proponga prevenir termina en fracaso, lo cual ya es mucho decir, ya a que no solamente no se logra el impacto preventivo deseado, sino que se permite que el problema crezca y se complique con el paso del tiempo, lo que es originado por la falta de claridad en cuanto a la importancia del conocimiento del riesgo y de las herramientas para medirlo y verificar el impacto de las acciones de prevención.

ESCALA DE RIESGO

De Victor J. Schoenbach

RIESGO (OR)		INTENSIDAD (FA)
1.1 - 1.3	....	Débil
1.4 - 1.7	....	Leve
1.8 - 2.9	....	Moderado
3.0 - 7.9	....	Fuerte
8.0 - 15.9	....	Muy fuerte
16 - 39	....	Dramático
+ 40	....	Abrumador

Figura 12. Escala de riesgos según Victor J. Schoenbach. Fuente elaboración propia.

3.3 Medidas de riesgo.

Figura 13. Las tres principales medidas de riesgo.

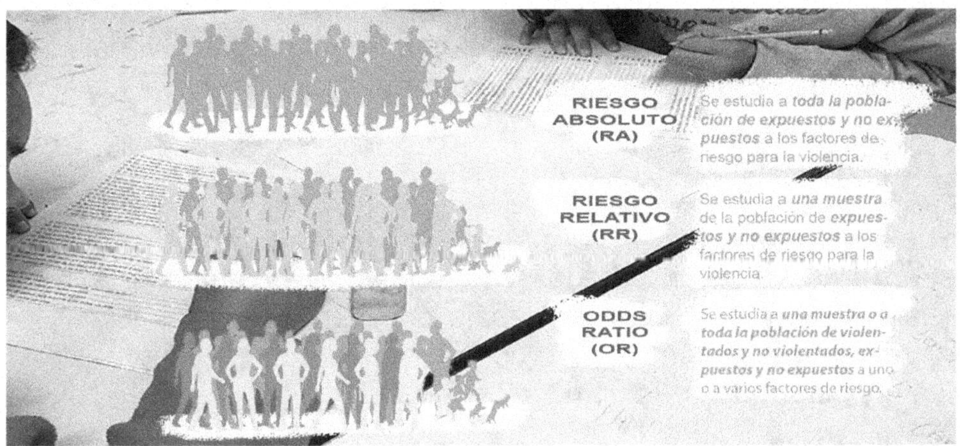

Fuente: *Elaboración propia.*

El riesgo se obtiene a través de 3 medidas de asociación que establecen la relación y la fuerza de esa relación entre uno o varios factores y el posible evento que causa el daño o la perdida, Mirón (2008) establece como las principales medidas de riesgo:

3.2.1 El Riesgo Absoluto (RA).
3.2.2 El Riesgo relativo (RR).
3.2.3 El Odds Ratio (OR).

Estas medidas se definen de la siguiente manera:

3.2.1 Riesgo Absoluto.

El RA se obtiene al medir a toda una población, tomando como base la incidencia de casos durante un periodo de tiempo relativamente largo, durante el que se registra la cantidad total de casos necesarios para la realización del estudio.

3.2.2 Riesgo Relativo.

El RR se obtiene trabajando con una muestra de personas expuestas y personas no expuestas al factor de riesgo para la violencia, pero que al iniciar el estudio ninguna ha participado en hechos de violencia.

Este tipo de riesgo se consigue de igual forma que el riesgo absoluto, tomando como base la incidencia de casos durante un periodo de tiempo relativamente largo, es decir, hasta que se logre obtener la cantidad de casos suficientes para la realización del estudio.

3.2.3 Odds Ratio.

El OR es una forma de riesgo que se obtiene en una población o muestra de personas violentadas y personas no violentadas, a diferencia del RA y el RR no se trabaja con personas expuestas y no expuestas a la violencia, sino con personas que ya tienen este problema y personas que aun no lo tienen.

A continuación, se presenta una situación en donde se distinguen las tres formas de riesgo: *Riesgo Absoluto, Riesgo Relativo y Odds ratio.*

En tres instituciones educativas se han detectado algunas señales de violencia, incluso ya se han presentado algunos casos aislados y esporádicos de peleas entre estudiantes, razón por la cual se ha decidido aplicar un programa de prevención de la violencia, estas instituciones son del nivel de secundaria, distribuidas por sostenimiento de la siguiente manera: una particular, una federal y una estatal.

Uno de los principales factores a los que se les atribuye la aparición de la violencia escolar en las tres instituciones es el uso del celular durante el horario de clases. Para determinar el riesgo de violencia se procede de diferente manera en cada una de las tres escuelas:

Escuela Secundaria Particular. En esta escuela se elige determinar el Riesgo Absoluto (RA) para la violencia que representa el uso del celular durante el horario de clase, como punto de partida para la elaboración del programa de prevención de la violencia escolar.

Escuela Secundaria Federal. Esta institución decide obtener el Riesgo Relativo (RR) para la violencia que representa el uso del celular durante el horario de clase, como base para la elaboración del programa de prevención de la violencia escolar.

Escuela Secundaria Estatal. En este centro educativo se acuerda conseguir el Odds Ratio (OR) para la violencia que representa el uso del celular durante el horario de clase, como indicador de arranque para la elaboración del programa de prevención de la violencia escolar.

Caso no 1. Prevención de la violencia escolar en una Escuela Secundaria Particular.

En la secundaria particular se involucra a toda la población, tanto a los que usan el celular en horario escolar (expuestos) como a quienes no lo hacen (no expuestos). Diariamente a lo largo de 3 ciclos escolares se observa atentamente a todos los estudiantes, padres, madres y trabajadores de este colegio y se obtienen los datos de la siguiente tabla:

Tabla 4. Determinación del Riesgo Absoluto.

Usan el celular durante el horario de clase.	Si participaron en hechos de violencia.	No participaron en hechos de violencia.	Total
Si lo usan (Expuestos)	52	353	408
No lo usan (No Expuestos)	6	57	63

$$RA = \frac{3,276}{2,448} = 1.3$$

Fuente: *Elaboración propia.*

Interpretación:

En esta escuela secundaria particular, después de estudiar la relación existente entre el uso del celular y la violencia escolar durante 3 ciclos escolares, se determinó a partir de los datos recogidos durante este periodo, que el uso del celular es un factor de riesgo para la violencia en esa institución, con una medida de riesgo absoluto (RA) de 1.3, lo que significa que el uso del celular incrementa 1.3 veces la probabilidad de violencia por lo cual se debe restringir o prohibir su uso durante el horario escolar.

Ahora bien, para poder afirmar con certeza que el uso del celular durante el horario escolar es un factor de riesgo para la violencia, en principio se tuvo que involucrar a toda la comunidad educativa del colegio, se tuvieron que esperar 3 largos años para conseguir el resultado del riesgo absoluto (RA) y así tener la seguridad de que el uso del celular incrementa la probabilidad de que sucedan hechos de violencia entre los estudiantes, además, no fueron pocos los re-cursos que se invirtieron para mantener la atención en los eventos de violencia que aparecieron y se documentaron a lo largo de este tiempo.

Obtener el RA es por lo tanto muy complicado, tardado y costoso.

Caso no 2. Prevención de la violencia escolar en una Escuela Secundaria Federal.

En el segundo caso, la escuela secundaria federal que tiene una comunidad escolar de 1,432 entre estudiantes, padres, madres y tra-bajadores de la educación, decide no trabajar con la población total, sino únicamente tomar una muestra representativa de 385 personas, en la cual, algunos usan el celular y otros no lo usan.

En esta muestra de personas, expuestos unos y no expuestos otros al uso del celular en horario de clase, hasta ahora no han participado en hechos de violencia, pero serán observados durante 3 ciclos es-colares para ver cuales de los que usan el celular incurren en hechos de violencia y cuantos de los que no usan el celular también se ven involucrados en hechos de este tipo a lo largo de un periodo determi-nado, para al final compararlos y obtener la medida de riesgo relativo (RR).

De manera semejante al trabajo realizado en la secundaria particu-lar, se registran los casos de violencia que van apareciendo a lo largo del tiempo (incidencia), se documentan y finalmente se obtienen los datos que se muestran enseguida en la tabla 5.

Tabla 5. Determinación del Riesgo Relativo.

Usan el celular durante el horario de clase.	Si participaron en hechos de violencia.	No participaron en hechos de violencia.	Total
Si lo usan (Expuestos)	237	28	265
No lo usan (No Expuestos)	13	107	120

$$\frac{28,440}{3,445} \quad RR= 8.2$$

Fuente: *Elaboración propia.*

Interpretación:

En la escuela secundaria federal, al igual que en la secundaria particular del caso anterior, después de estudiar durante 3 ciclos escolares la relación existente entre el uso del celular y la violencia escolar, se determinó a partir de los datos recogidos durante estos tres años que el uso del celular es un factor de riesgo para la violencia en esta institución, con una medida de Riesgo Relativo (RR) de 8.2, lo cual significa que el uso del celular incrementa 8.2 veces el riesgo de violencia, por lo cual se debe prohibir su uso durante el horario escolar.

De manera parecida al caso anterior, para poder afirmar con certeza que el uso del celular durante el horario escolar es un factor de riesgo para la violencia, se tuvo que esperar durante 3 años para conseguir el resultado del Riesgo Relativo (RR) para tener la seguridad de que el uso del celular incrementa la probabilidad de que sucedan hechos de violencia entre los miembros de esta comunidad, además, los recursos que se invirtieron para mantener la atención en los eventos de violencia que fueron apareciendo a lo largo de este tiempo y documentarlos, tampoco fueron pocos.

Obtener el RR, trabajando con una muestra de personas y no con toda la población, hace ligeramente menos complicado este procedimiento, pero resulta igual de tardado y costoso que el estudio de Riesgo Absoluto, aunque con un ingrediente más, los estudios para obtener el Riesgo Relativo (estudios de Cohortes), además de la medida de riesgo, generan un Intervalo de Confianza (IC), que se refiere al rango de valores entre los que varia la medida de riesgo (mínimo y máximo) que se obtienen entre una muestra y otra dentro de la misma comunidad escolar.

Por ejemplo, si para este caso, el RR es de 1.8 y el IC es de 1.2 - 2.3, significa que, si se tomaran otras muestras de personas de esta comunidad escolar, el RR no seria necesariamente igual, pero su valor estaría entre 1.2 - 2.3

El intervalo de confianza se debe obtener siempre que se trabaje con muestras, siendo innecesario cuando se trabaja con poblaciones completas. La variación del IC es mayor si la muestra es pequeña, por el contrario, si la muestra es muy grande el IC se reduce, hasta desaparecer si finalmente se estudia a la población completa.

Caso no 3. Prevención de la violencia escolar en una Escuela Secundaria Estatal.

Por último, para tener una idea más aproximada de los tipos de riesgo según el momento en que se determinan, se plantea el caso ficticio (al igual que los anteriores) de una escuela secundaria estatal, con una población de 1, 505 miembros, en donde se decide no trabajar con una muestra, sino con la totalidad de los estudiantes, padres y madres y trabajadores de la institución.

En esta comunidad escolar se aplica un instrumento en donde todos los ítems (preguntas y/o declaraciones) son de tipo dicotómico, es decir, que únicamente aceptan dos formas de respuesta; SI o NO, Presencia o Ausencia, sin establecer grados o categorías intermedias.

En primer término, se les pregunta a los miembros de esta comunidad escolar si participaron en hechos de violencia durante un determinado periodo anterior, a lo que como ya se dijo, solamente podrán responder SI o NO.

Las personas que responden SI a esta pregunta, se consideran VIOLENTAS (aunque lo justo es agruparlos como participes en hechos de violencia, jugando roles de víctimas, victimarios, testigos, etc.) mientras que las que responden que NO, son consideradas NO VIOLENTAS.

Una vez establecido si las personas han participado o no en hechos de violencia, (independientemente del rol jugado) se les pregunta si usan el celular durante el horario de clases.

La aplicación del instrumento se realiza durante una semana para obtener las respuestas de todos los 1, 505 estudiantes, padres, madres y trabajadores de la institución, recogiendo los datos que se muestran a continuación en la tabla 6.

Tabla 6. Determinación del Odds Ratio.

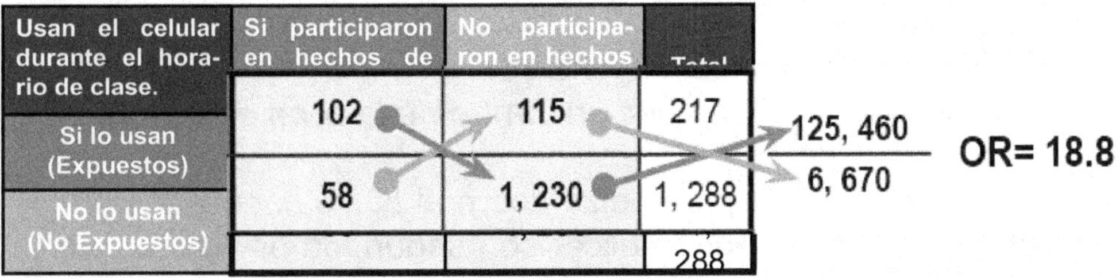

Usan el celular durante el horario de clase.	Si participaron en hechos de	No participaron en hechos	Total
Si lo usan (Expuestos)	102	115	217
No lo usan (No Expuestos)	58	1, 230	1, 288
			288

$$\frac{125,\ 460}{6,\ 670} \qquad OR= 18.8$$

Fuente: *Elaboración propia.*

Interpretación:

En principio se establece que el uso del celular es un factor de riesgo para la violencia escolar, y como se trabajó con el total de la población, no existe un Intervalo de Confianza (IC) que presente la variación del OR entre muestra y muestra, por lo que 18.8 es el riesgo "neto" y eleva hasta 18.8 veces la probabilidad de que sucedan hechos de violencia escolar.

A diferencia de los dos casos anteriores, no se comparó a una población de expuestos y no expuestos, libres de violencia, sino a una población de violentos y no violentos, es decir, personas que ya tenían el problema y no había que esperar años a que lo desarrollaran, por lo que el estudio completo se pudo realizar en una semana y no en 3 años como las dos escuelas anteriores.

Los estudios a través de los que se obtiene el OR son conocidos como de Casos y Controles, en donde los casos son las personas que resultan positivos a la violencia y los controles los que tienen un resultado negativo para la violencia.

El diseño de casos y controles es una aportación metodológica de la epidemiología, rama de la medicina en donde el uso de este diseño de investigación es muy común en el estudio del comportamiento de las enfermedades, sobre todo cuando se busca economizar tiempo y dinero, lo cual lo convierte en el diseño más recomendable para el estudio y prevención de la violencia escolar.

La determinación del OR no siempre se realiza con la participación de la población total, cuando se realiza a partir de una muestra es necesario estar atentos al intervalo de confianza (IC) y confirmar que se cumplan al menos las siguientes condiciones:

1. El valor del riesgo sea mayor de uno.
2. Los valores del IC se ubiquen dentro de la zona de riesgo.

En la siguiente sección se profundiza sobre el IC, lo necesario para que se comprenda y se pueda aplicar con seguridad este concepto al momento de determinar los factores de riesgo.

3.4 Riesgo de violencia escolar.

Figura 14. Fuentes de la violencia escolar.

Fuente: *Elaboración propia.*

México ocupa el deshonroso primer lugar mundial en acoso escolar (Sánchez, 2019), no existe en este país alguna escuela, desde educación inicial hasta educación superior, a la que se le pueda declarar libre del criesgo de violencia, de lo que se acusa a la Secretaría de Educación Pública (SEP) como responsable, ya que con sus programas únicamente se han dado algunos brochazos de atención y capacitación a esta problemática durante los últimos años, pero nada consistente (Toribio, L., 2019).

Es posible que todas las escuelas presenten riesgo de violencia, pero con seguridad, su medida y los procedimientos para conseguir este indicador generalmente se desconocen, por lo cual las actividades de prevención que se realizan ofrecen poca o nula garantía de impacto.

La prevención se ha tomado con muy poca seriedad en los contextos escolares, en donde regularmente se asume una posición reactiva ante la problemática que representa la violencia al interior de los planteles en todos los niveles educativos, se atienden de manera expres los casos de conflictos que se van presentando día con día, de los cuales tampoco se lleva un seguimiento puntual, situación que complica el poder contar con una estadística de la incidencia de los casos de violencia que permita estimar la magnitud del problema.

En los últimos años, se le ha dado más importancia a la atención que a la prevención de la violencia escolar, lo cual se evidencia con la formación de una gran cantidad de mediadores para que atiendan de manera profesional los conflictos escolares a través de los acuerdos, la reparación del daño y la reconciliación de las partes, más, es necesario recordar, que los conflictos mediados, son casos en los que la prevención fracasó y que nunca será mejor mediar un conflicto que prevenirlo, lo más prudente, sería tambien formar profesionales de la prevención, que de manera eficaz disminuyan o eliminen el riesgo de ocurrencia de la violencia en las escuelas.

Desconocer el riesgo de violencia en las escuelas no significa que no exista, tal como sucede en el caso de los avestruces, esconder la cabeza no desaparece el problema, como lo afirma Toribio (2019) somos en el planeta, el país No 1 en acoso escolar, es innegable que la violencia está presente en todas las escuelas de México, y que son más los casos que suceden a diario y no se llegan a conocer, que los que se conocen, pero lo más lamentable, es que no se tenga ni la más remota idea de cuantos casos vienen en camino y se pudieran evitar.

En las escuelas de todos los niveles educativos, el concepto de riesgo es relativamente desconocido, los factores de riesgo se manejan con una asombrosa ligereza por quienes, probablemente carecen de un dominio regular sobre estos conceptos, esenciales en los procesos de prevención; sin riesgo no hay prevención y sin prevención los problemas crecen y se complican; justificaciones como el hecho de que la violencia ha acompañado a la humanidad a lo largo de toda su existencia y que la especie humana es violenta por naturaleza, no son suficientes para que este problema no sea minimizado en la escuela a niveles en donde la convivencia sea lo más pacífica posible.

3.5 Los factores de riesgo para la violencia escolar.

Figura 15. Factores de riesgo y de protección para la violencia escolar.

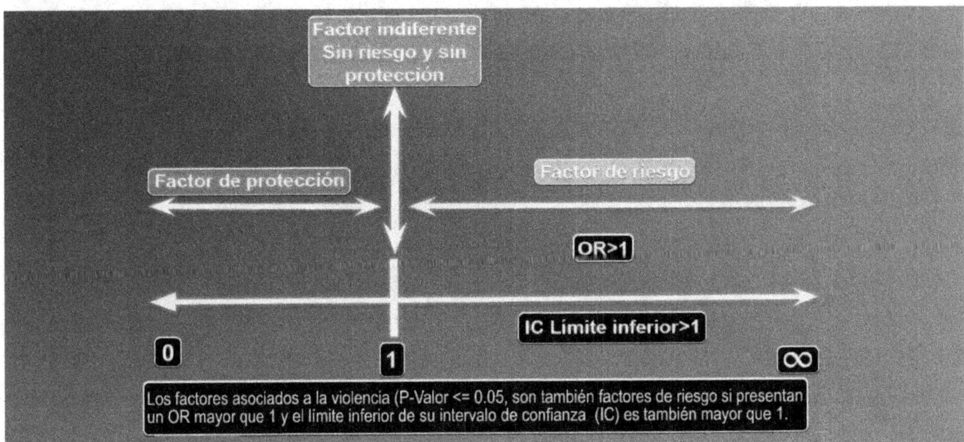

Fuente: *Elaboración propia.*

El riesgo es la probabilidad incrementada de que ocurra un evento que produce daños o pérdidas, su naturaleza probabilística permite su medición en términos cuantitativos y es representado por cualquier cantidad superior a 1.

El incremento de esta probabilidad se relaciona con la presencia de uno o varios factores conocidos como factores de riesgo.

Un factor es una condición que contribuye en mayor o menor grado a que suceda algo bueno o malo, aunque normalmente nos ocupamos de los factores que participan en la ocurrencia de eventos dañinos como es el caso de los factores de riesgo para la violencia escolar.

3.5.1 Factores de riesgo.
3.5.2 Factores de riesgo para la violencia escolar.

3.5.1 Factores de riesgo.

El término factor de riesgo fue utilizado por primera vez por el investigador de enfermedades cardíacas Thomas Dawber en un estudio publicado en 1961 (Araujo González, 2015).

La OMS (2019) define los factores de riesgo como: características, propiedades o atributos negativos, que son variables y pueden estar presentes en personas, grupos, comunidades y en el ambiente.

Hay factores de riesgo que producen una sola forma de daño pero también existen aquellos que producen diversos tipos de daños.

El consumo de drogas, como muestra, daña: la salud, las relaciones interpersonales, familiares, produce la pérdida de la libertad, la economía, entre otros.

Por otro lado, existen factores de riesgo que parecieran agruparse para juntos producir un solo tipo de daño, como son: la falta de control de la ira, la falta de atención de los padres, el gusto por el futbol y el consumo de alcohol que juntos contribuyen a la aparición de la violencia.

Moreno (2000) refiere que los factores de riesgo son el extremo negativo de una misma línea, así, la desatención de los padres tiene en el extremo positivo la atención de los padres; el consumo de alcohol tiene en su extremo opuesto la abstinencia o el rechazo al consumo de alcohol; la depresión tiene su contra parte en la euforia; el deseo de venganza tiene el perdón, por lo tanto, un mismo factor puede ser de riesgo o protección según la medida que presente.

El punto de corte para determinar si un factor es de riesgo o de protección lo representa el 1, así, en una escala de 0 a 1000 para medir el riesgo y la protección, los factores que obtengan una medida mayor a 1 son de riesgo mientras que los factores cuyas medidas sean menores a 1 son de protección.

Si la atención familiar como factor se somete a medición en su relación con la violencia escolar y su medida resultante se ubica entre 0.9 y un valor superior a 0, se trata de un factor de protección, ya que la atención de los padres hacia los hijos en este rango va de buena (si su valor se acerca a 1), a excelente si su valor se acerca a 0 (Moreno, 2000).

Por el contrario, si en esta misma medición de la atención familiar, la el resultado se ubica entre 1.1 y 1000, se puede afirmar que la atención familiar es mala (desatención familiar) y representa un factor de riesgo para la violencia escolar.

3.5.2 Factores de riesgo para la violencia escolar.

Los factores de riesgo para la violencia, según lo anterior, son: características, propiedades o atributos de tipo: personal, familiar, escolar o contextual, que incrementan la probabilidad de ocurrencia de la violencia escolar.

De acuerdo con lo anterior, para que un factor sea considerado de riesgo tiene que pasar al menos 3 pruebas:

1ª Demostrar que esta asociado a la violencia.
2ª Presentar una medida de riesgo superior a 1.
3ª Tener un intervalo de confianza (IC) cuyo valor inferior sea
   mayor de 1.

A continuación, se explican de manera más detallada estas y otras características de los factores de riesgo para la violencia escolar.

2. Datos de Riesgo.

El 21% de los miembros de la comunidad educativa ha participado en hechos de violencia en los útlimos meses.

76 % Fueron testigos.
47 % Fueron agredidos.
29 % Fueron agresores.
12 % Insultaron al menos a una persona.
6 % Disfrutaron con un arma.
6 % Tienen armas en sus casas.

Factores de riesgo que fueron identificados y su medida.

		RIESGO
29. 4 %	Tienen peleas en casa con frecuencia.	OR= 25
17.6 %	Son agresivos.	OR= 13
23.5 %	Han pensado en el suicidio.	OR= 9
23.5 %	Se sienten abandonados por su familia.	OR= 6
76. 5 %	Han sido humillados.	OR= 5
35 %	Han sido víctimas de abusos.	OR= 5
40 %	Consumen alcohol y otras drogas legales e ilegales.	OR= 3

ESCALA DE RIESGO*

RIESGO (OR)	INTENSIDAD (FA)
1.1 - 1.3	Débil
1.4 - 1.7	Leve
1.8 - 2.9	Moderado
3 - 7.9	Fuerte
8 - 15.9	Muy fuerte
16 - 39	Dramático
+ 40	Abrumador

*Victor J. Schoenbach 1999 9. Inferencia causal - 281rev. 11.9.1999, 17.12.1999, 20.3.2004

Figura 16. Diagnóstico de riesgo de violencia escolar, imagen fragmento de un informe de riesgo de violencia obtenido en una institución de educación inicial. Fuente: Elaboración propia.

3.6 Características generales de los factores de riesgo para la violencia escolar.

Figura 17. Características principales de los factores de riesgo.

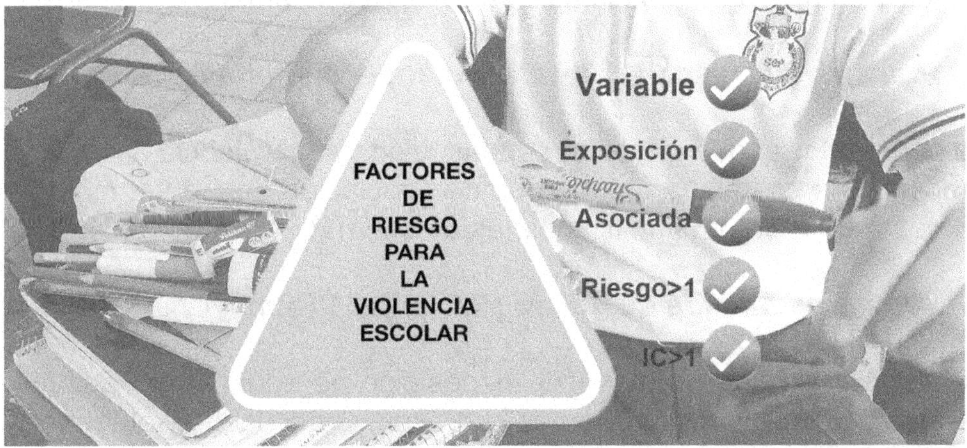

Fuente: *Elaboración propia.*

Para determinar si un factor es de riesgo para la violencia es necesario verificar si presenta las siguientes características:

> *3.6.1 Es una característica, propiedad o atributo variable de tipo personal, familiar, social o escolar.*
> *3.6.2 Está presente en el contexto de la violencia.*
> *3.6.3 Presenta una asociación a la violencia menor a 0.05*
> *3.6.4 Tiene una medida de riesgo (RA, RR u OR) mayor que 1.*
> *3.6.5 Tiene un Intervalo de Confianza (IC) cuyo limite inferior es mayor que 1.*

A continuación, se explican estas características.

3.6.1 Es una característica, propiedad o atributo variable de tipo personal, familiar, social o escolar.

Los factores de riesgo para la violencia escolar son variables que se localizan en las dimensiones: personal, familiar, escolar y social, formando combinaciones con predominio de cualquiera de ellas, lo cual se revela a través de un estudio de factores de riesgo.

3.6.2 Está presente en el contexto de la violencia.

Para establecer si un factor de riesgo esta relacionado con la violencia escolar, inicialmente debe ser tratado como un factor de exposición y enseguida comprobar su asociación con este problema.

3.6.3 Presenta una asociación a la violencia menor a 0.05 (5%).

Para poder afirmar que un factor está asociado a la violencia escolar es necesario someterlo a una prueba de asociación para determinar si presenta un P-valor (significancia estadística) menor a 0.05 (5%).

3.6.4 Tener una medida de riesgo (RA, RR u OR) mayor a 1.

Si se demuestra que un factor de exposición es además un factor asociado, se debe verificar además la presencia del riesgo y obtener su medida, cuyo valor necesariamente debe ser mayor a 1 para ser declarado como factor de riesgo.

3.6.5 Tener un Intervalo de Confianza (IC) cuyo límite inferior sea mayor que 1.

Cuando el estudio de factores de riesgo para la violencia escolar se basa en una muestra, es necesario verificar que el límite inferior del IC sea mayor a 1 para validar la presencia del riesgo.

Si en un estudio muestral, un factor de exposición presenta asociación e incluso su medida de riesgo es alta, pero los valores de su IC son por ejemplo, 0.74-3.96, no se le puede considerar como factor de riesgo, debido a que el límite inferior de su IC (0.74) es menor a 1 y por lo tanto se encuentra fuera de la zona de riesgo (>1).

3.7 Tipos de factores de riesgo para la violencia escolar.

Figura 18. Tipos de factores de riesgo.

Fuente: *Elaboración propia.*

No existe una clasificación universal de los factores de riesgo para la violencia escolar y tampoco se cuenta con un perfil definido de: el agresor, la víctima, los defensores, los espectadores, los colaboradores, los reforzadores de la violencia y de los ajenos o indiferentes, quienes integran el reparto principal en una escena de violencia escolar, por esta razón solamente se presentan algunos de los factores que han resultado positivos en diversos eventos de tipo y que es muy probable que se encuentren jugando este papel en la escuela.

Los factores de riesgo para la violencia escolar, como ya se mencionó anteriormente, pueden ser: *personales, familiares, escolares y sociales, comunitarios o contextuales.*

A continuación, se presenta una clasificación de factores de riesgo elaborada por la Fundación Save the Children (2014; citada por Muñoz, J., 2016).

3.7.1 Factores de riesgo para la violencia escolar según su ubicación.

3.7.1.1 Factores personales o individuales.
- Ser víctima de violencia en el hogar.
- Ser testigo de violencia de género.
- Ansiedad.
- Somatizaciones.
- Retraimiento.
- Dificultad para establecer relaciones sociales.
- Presentar debilidad física.
- Sentirse rechazado por sus iguales.
- Presentar sobrepeso.
- Utilizar gafas.
- Tener una cultura diferente.

3.7.1.2 Factores familiares.
- Ausencia del padre o la madre.
- Uso de métodos de educación basados en el castigo físico o la violencia familiar.
- Padres con un estilo de vida permisivo o inconsciente.
- Tolerancia con las conductas agresivas de los hijos.
- Retraimiento.
- Dificultad para establecer relaciones sociales.
- No marcar reglas claras y consistentes.
- Una pobre relación padres/madres/hijos.

3.7.1.3 Factores sociales, comunitarios o contextuales.
- Exposición a la violencia en los medios de comunicación.
- Clima escolar favorecedor de las conductas negativas.
- Contextos virtuales negativos (internet).

A esta clasificación agregamos los siguientes factores escolares:

3.7.1.4 Factores escolares.
- Permisividad de la violencia como forma de resolución de conflictos entre iguales.
- Indiferencia ante la diversidad.
- Clima escolar favorecedor de las conductas negativas.
- La falta de respuesta del profesorado ante la violencia entre escolares.

Estos factores de riesgo representan solamente una muestra en relación a la gran cantidad y variedad de factores existentes, aclarando que antes de incorporarlos en cualquier programa de prevención de la violencia escolar se debe confirmar que efectivamente sean de riesgo, ya que podría darse el caso de que alguno o varios de los factores antes relacionados como de riesgo, no lo sean en una institución determinada.

Los factores no se dividen en factores de riesgo y factores de protección, un mismo factor puede ser por un tiempo factor de riesgo y tiempo después aparecer como factor de protección y viceversa.

Evalúa tu dominio del capítulo No 3:

INSTRUCCIONES PARA OBTENER TU EVALUACIÓN.

1. Haz Clic sobre el link **bit.ly/36O38FZ** *o cópialo y pégalo en tu navegador y dale* **enter***.*
2. Completa el formulario.
3. Haz clic en enviar.
4. Recibe tu calificación al instante.

Figura 19. Convivencia escolar pacífica. Fotografía tomada a voluntarios en una escuela primaria. Fuente: Elaboración propia.

CAPÍTULO 4

MEDICIÓN DEL RIESGO.

Contenido.

"El hombre prudente se previene contra el futuro como si estuviese presente."

Publio Siro.

(Pérez Rioja, J. A., 1959).

4.1 Selección de la situación de interés.

Figura 20. Situaciones de riesgo para elegir.

Fuente. *Elaboración propia.*

Para el estudio del comportamiento de las enfermedades, los epidemiólogos parten de la detección de uno o de unos cuantos casos de personas enfermas de un mal que puede ser desconocido o conocido; extinto o controlado, que de no atenderse oportunamente podría en poco tiempo convertirse en epidemia o pandemia y afectar a una población.

La presencia de uno o de varios casos de violencia en una comunidad escolar no representa un problema, sino una situación que amerita ser estudiada y atendida.

A continuación se presentan algunas de estas situaciones:

* *Dos estudiantes fueron sorprendidos fumando marihua dentro de una escuela preparatoria.*
* *Dos estudiantes de secundaria resultaron embarazadas.*
* *Siete estudiantes de quinto grado de primaria reprobaron el grado escolar.*
* *Cuatro niños de segundo de preescolar agredieron a dos compañeros.*
* *Quince estudiantes desertaron de la universidad durante el tercer semestre.*

En estas cinco situaciones ya se encuentran detectados e identificados algunos casos de violencia, por lo que es pertinente realizar las acciones necesarias para conocer o descartar la existencia de más casos e identificar a las personas involucradas, tratarlas y estudiarlas para ubicar el origen del problema y controlarlo o eliminarlo, evitando que el mal se propague más.

La mayoría de las escuelas presentan una variedad de situaciones que perturban el proceso educativo y limitan el cumplimiento de los objetivos educacionales, y por esta razón es de suma importancia contar con la información precisa de cada una de ellas para elegir con certeza la que requiere intervención inmediata y de esta manera evitar que se propague este tipo de eventos y alcance niveles difíciles de manejar.

Las situaciones escolares que producen daños y perdidas más frecuentes son:

4.1.1 El fracaso escolar.
4.1.2 La violencia escolar.
4.1.3 El consumo de drogas.
4.1.4 El embarazo en adolescentes.
4.1.5 La obesidad.
4.1.6 Los accidentes de tránsito.

4.1.1. El fracaso escolar.

Dependiendo del nivel educativo, cada ciclo escolar una gran cantidad de estudiantes no logran desarrollar una motivación por el estudio y el conocimiento; faltan con frecuencia a clases; obtienen bajo rendimiento en las materias; reprueban; son suspendidos temporalmente una o varias veces; repiten año; desertan y abandonan definitivamente los estudios para sumarse al rezago educativo; este es el fracaso escolar, con una ruta que inicia en el hogar, en donde los padres no logran hacer que sus hijos vean como un regalo y un privilegio poder asistir a la escuela y formarse como personas de bien; que conocen el mundo y desarrollan las herramientas para transformarlo de manera positiva y responsable.

El fracaso escolar no sucede por mandato divino, es provocado y por lo tanto es sensible a la prevención.

4.1.2 La violencia escolar.

Con esta situación, nos referimos al acoso escolar y a la violencia en todas sus formas y manifestaciones, que van desde un gesto malicioso hasta los golpes y las agresiones con armas u objetos empleados para causar daños, lesiones y la muerte.

En México, ninguna escuela pública o privada está libre de violencia, no por nada nuestro país ha sido calificado por varios años consecutivos con el primer lugar en acoso escolar a nivel mundial, considerando a los países que constituyen la OCDE.

La violencia escolar no debe tomarse a la ligera, de manera directa o indirecta ha terminado con la vida de muchos estudiantes; una buena cantidad de casos de asesinatos y suicidios en adolescentes están asociados al maltrato escolar.

La violencia escolar es provocada y en consecuencia prevenible.

4.1.3 El consumo de drogas.

Hasta hace unos cuantos años, el consumo de drogas en el ámbito escolar era preocupación en los niveles de: secundaria, preparatoria y en el nivel superior, los estudiantes de secundaria se iniciaban en el mundo de las drogas fumando tabaco, luego consumiendo alcohol para más tarde adentrarse en el mundo de las drogas ilegales; para que un adolescente llegara a consumir drogas como: la cocaína, la heroína o el cristal podian pasar muchos años, contando a partir de su inicio. En la actualidad, se atienden cada vez más casos de intoxicación por cristal, en niños que nunca antes probaron el tabaco, el alcohol o alguna otra droga.

El consumo de drogas no es algo fatal que obligatoriamente tenga que suceder, también es provocado y por lo tanto prevenible.

4.1.4 El embarazo en adolescentes.

Cada año son atendidas por el sector salud en su proceso de gestación una gran cantidad de niñas y adolescentes de entre 10 y 14 años, quienes ven interrumpidos sus estudios de primaria y secundaria al contraer la enorme responsabilidad de gestar y criar un hijo.

Muchas de estas niñas son abandonadas por sus parejas y sus familias por lo que se ven en la necesidad de dejar de manera definitiva la escuela para trabajar y sobrevivir con sus hijos.

Para quienes permanecen en la escuela la vida ya no es igual, ahora tienen una responsabilidad y aunque reciban apoyen en su casa y se les otorgue una beca, sus vidas son ahora mucho más complicadas que antes de procrear un hijo.

Los embarazos no son accidentales, son incidentales y se pueden prevenir.

4.1.5 La obesidad.

Aunque pareciera ser únicamente un problema de salud, la obesidad se encuentra fuertemente asociada al bajo desempeño escolar.

El hecho de pertenecer a un grupo minoritario como es el caso de los obesos, ubica a niñas y niños en una posición vulnerable, haciéndolos blanco de señalamientos y burlas por parte de sus compañeros, al grado de destruir su autoestima y en algunos casos llegar a desear la muerte.

Para la escuela, la presencia de la obesidad es importante, no solamente desde la perspectiva de la salud, sino de la apariencia, que contribuye en la seguridad y la autoestima de los estudiantes.

Raras veces los niños nacen con problemas de obesidad, esta se desarrolla a lo largo de varios años en el seno familiar, sin embargo, la escuela puede jugar un papel muy importante en la prevención orientada a los estudiantes que aun no presentan esta condición.

4.1.6 Los accidentes de tránsito.

Los accidentes de tránsito son en el mundo la primera causa de muerte en personas de 4 a 14 años.

Los estudiantes de educación básica no mueren predominantemente por enfermedades u otras causas como accidentes en el hogar, muchos pierden la vida al ser atropellados mientras transitan a pie o viajan en bicicletas, patinetas; al verse involucrados en volcaduras al viajar como pasajeros y acompañantes en vehículos automotores.

En una institución educativa, en donde se han registrado casos de estudiantes involucrados en accidentes de tránsito, habría que preguntarse ¿por qué unos estudiantes participan en accidentes de tránsito y otros no? y buscar los factores personales, de los vehículos, de las vías, del clima y la hora del día con la que están asociados a los accidentes con la finalidad de prevenirlos.

La mayoría de los accidentes de tránsito es provocada por las personas, lo cual hace posible su prevención.

"Es obvio que el mundo se va al infierno. La única oportunidad posible es que intentemos prevenir que sea así."

Robert Oppenheimer.
(Milejemplos, 2020).

4.2 Definición conceptual de la situación elegida para atender.

Figura 21. Significado de la violencia escolar.

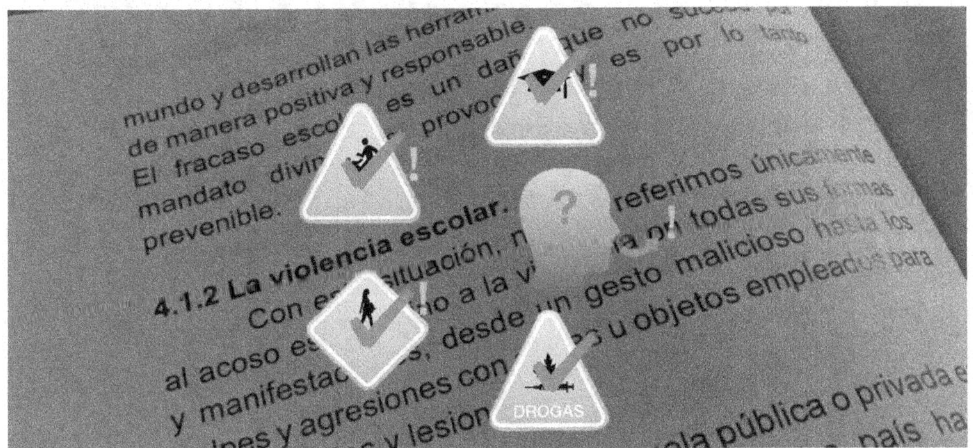

Fuente: *Elaboración propia.*

Son muchas las situaciones que pueden perturbar el proceso educativo escolar, de las cuales, algunas deben ser atendidas de manera urgente, como es el caso de la violencia escolar, elegida como tema central en este texto.

Una vez seleccionada la situación de mayor prioridad para la institución educativa, es necesario realizar una revisión documental para profundizar lo suficiente en el conocimiento de ese tema, que bien pudiera ser: el fracaso escolar, la obesidad, el embarazo, los accidentes de tránsito, el incumplimiento de los padres, el vandalismo o la destrucción de los bienes escolares, entre otros temas en los que necesariamente se debe contar con los conocimientos necesarios para ejecutar un procedimiento de determinación de los factores de riesgo e iniciar un proceso de prevención.

En caso de no contar con los conocimientos suficientes sobre el tema en el que se desea practicar la prevención, se recomienda consultar en: libros, revistas, artículos, vídeos, blogs de especialistas en el tema, y en las fuentes que se tenga al alcance y permitan un manejo relativamente amplio del asunto, por ejemplo, si la situación elegida es la violencia escolar, la búsqueda deberá estar orientada a conseguir la siguiente información:

- Definición de violencia escolar.
- Origen de la violencia escolar.
- Protagonistas de la violencia escolar.
- Tipos de violencia escolar.
- Factores de exposición a la violencia escolar.
- Factores asociados a la violencia escolar.
- Factores de riesgo para la violencia escolar.
- Frecuencia de la violencia escolar.
- Consecuencias de la violencia escolar.
- Formas de manejo de la violencia escolar.

Si ya se cuenta con esta información, se puede avanzar a la siguiente sección.

4.3 Problema por resolver.

Figura 22. El problema.

Fuente: *Elaboración propia.*

La situación y el problema son dos cosas distintas, la primera no requiere ser explicada o resuelta, simplemente es algo que esta pasando y que es posible que nos desagrade y nos incomode, su descripción es el punto de partida para el planteamiento del problema, que sí exige una explicación o solución.

Tabla 7. La Situación y el Problema por resolver.

SITUACIÓN	PROBLEMA
1. Algunos estudiantes fueron sorprendidos fumando marihuana dentro de una escuela preparatoria.	1. ¿Cómo evitar el consumo de marihuana en los estudiantes de preparatoria?
2. Dos estudiantes de secundaria resultaron embarazadas.	2. ¿Cómo disminuir el riesgo de embarazos en secundaria?
3. Varios estudiantes de quinto grado de primaria reprobaron el grado escolar.	3. ¿Cómo evitar que los estudiantes de quinto grado de primaria reprueben?
4. Cuatro niños de segundo de preescolar agredieron a diez de sus compañeros.	4. ¿Cuáles son los factores de riesgo para la violencia en estudiantes de preescolar?

Fuente: *Elaboración propia.*

En términos formales, el problema consta de tres elementos:

1. El objetivo.
2. La justificación.
3. La pregunta o el sistema de preguntas.

Enseguida se ofrece un ejemplo sencillo de cómo plantear un problema de manera formal:

SITUACIÓN.

Durante el presente mes, se presentaron 10 casos de niños (siete niñas y tres niños) de segundo de preescolar, los cuales fueron agredidos físicamente por cuatro estudiantes (dos niñas y dos niños) de tercer grado.

PROBLEMA:

a. Objetivo.

Disminuir significativamente el riesgo de violencia en los estudiantes de preescolar.

b. Justificación.

No existen antecedentes de un ataque de esta naturaleza y tampoco se cuenta con estudios sobre violencia escolar, lo cual se considera motivo suficiente para la realización de este proyecto.

c. Pregunta(s).

¿Cuáles son los factores de riesgo para la violencia en preescolar?
¿Qué acciones se deben realizar para disminuir el riesgo de violencia en preescolar?
¿Qué acciones preventivas producen un impacto positivo?

Para conseguir la respuesta a estas y otras preguntas es necesario desarrollar un proceso completo de prevención escolar, realizando acciones como: la medición del riesgo, una intervención enfocada en la disminución del riesgo y la medición del impacto de la prevención.

4.4 Diseño de casos y controles.

Figura 23. El diseño epidemiológico de Casos y Controles.

Fuente: *Elaboración propia.*

Hernández-Ávila, Garrido-Latorre y López-Moreno (2000) afirman que la manera más rápida y económica de obtener el riesgo es usando el diseño de Casos y Controles, que aplicado al contexto escolar consiste en detectar (a partir de las declaraciones anónimas o públicas de los miembros de la comunidad educativa en la que se quiere determinar la existencia del riesgo de violencia) los *Casos*, representados por quienes afirman haber participado en al menos un hecho de violencia en el pasado inmediato, y los *Controles*, que son las personas que niegan haberse visto envueltos en algún acto de violencia dentro del período señalado.

Básicamente las preguntas que responde el diseño de Casos y Controles son: ¿Por qué en la misma comunidad escolar, algunas personas han vivido situaciones de violencia y otras no? ¿qué las hace diferentes? desde luego, nos gustaría saber cual es el secreto de quienes no han vivido hechos de violencia y aplicarlo a los que se encuentran en riesgo pero aun no son tocados por ella, con la finalidad de prevenirlos de este mal y mantenerlos libres de el.

La rapidez con la que se puede conocer el riesgo de violencia a través de Casos y Controles es el resultado de elegir a los ya violentados y no violentados para la realización del estudio, lo cual permite ahorrar mucho tiempo respecto a otro tipo de diseños que se basan en personas expuestas y no expuestas a diversos factores relacionados con la violencia, para luego tener que esperar a que algunos sean violentados y hasta entonces poder calcular el riesgo de violencia.

El diseño de casos y controles es el más recomendable para practicar la prevención en los contextos escolares.

A continuación, se describen algunas de las ventajas y las desventajas que presenta el diseño de Casos y Controles según Lazcano Ponce, Salazar Martínez, y Hernández Ávila (2001) en una adaptación propia para su aplicación en la prevención de la violencia escolar:

Ventajas.

> *a. Es eficiente para el estudio de condiciones adversas raras.*
> *b. Es eficiente para el estudio de condiciones adversas con periodos de latencia e inducción prolongados.*
> *c. Se pueden estudiar varios factores de exposición a la violencia a la vez.*
> *d. Es rápido y económico.*

Desventajas.

> *a. La relación temporal causa-efecto no es verificable.*
> *b. No se pueden estimar de manera directa medidas de Incidencia y Riesgo Relativo de violencia.*

4.5 Diseño y elaboración del instrumento de medición.

Figura 24. Instrumentos de medición del riesgo.

Fuente: *Elaboración propia.*

Para este momento se supone que ya se cuenta con un conocimiento suficiente sobre la violencia escolar y como prevenirla, por lo que ahora es necesario enfrentar el reto de medir el riesgo de que suceda.

Como lo explican Tamayo Ly & Silva Siesquén (s/f), se dispone de una gran variedad de instrumentos de medición, casi tantos como cosas se pueden medir; existen instrumentos que sirven para medir características de manera directa, como es el caso de los que se usan para medir: el peso, la estatura, el tiempo, la temperatura, entre otras; tambien los hay del tipo que se ocupan para medir caracteristicas que por ahora es imposible medir directamente como es es el caso de la inteligencia, la motivación y por supuesto el riesgo.

Si la tarea consiste en medir el peso de una persona, de algún objeto, de alguna sustancia, es suficiente colocarla encima del instrumento; para medir la estatura de alguien solamente se requiere colocar un extremo de la cinta en sus pies, tensarla y tomar la lectura que se registra en la graduación de la cinta en la parte más alta de su cabeza.

Sin embargo, el riesgo de violencia no es una característica que se pueda medir directamente, esta operación es más complicada que eso, ya que no existe un objeto, aparato u artefacto, que únicamente con la proximidad o al contacto con las personas pueda registrar la presencia y la magnitud del riesgo de participar en un hecho de violencia escolar.

La medición del riesgo en el diseño de Casos y Controles se realiza mediante la aplicación de un instrumento documental (cuestionario) con preguntas o declaraciones que las personas responden o completan eligiendo entre dos opciones (dicotómicas) que pueden ser SI o NO, sin establecer el grado de la respuesta, como sucede con la escala tipo likert que plantea más de dos opciones (ITSON, s/f).

Para Supo (2013) y Corral, Y. (2009) las características principales de un instrumento documental de medición (útil para medir el riesgo de violencia y otros males escolares) son:

4.5.1 La validez.

Se dice que un instrumento de medición es válido cuando mide la característica que queremos medir con el.

4.5.2 La confiabilidad.

Un instrumento de medición es confiable cuando mide de manera precisa o exacta lo que queremos medir con él.

Además, es importante que presenten las siguientes cualidades:

4.5.3 La estabilidad.

Cuando se realizan medidas repetidas en el mismo sujeto y el resultado no varia, entonces el instrumento es estable.

4.5.4 La suficiencia.

El instrumento es suficiente cuando cubre el rango de variaciones de la medida que queremos medir con él.

4.6 Población y muestra.

Figura 25. Población y muestra en la determinación del riesgo de violencia escolar.

Fuente. *Elaboración propia.*

Una muestra es la porción de una población que puede o no ser representativa de ella, lo cierto es que entre mas grande sea la muestra es mejor ya que se evitan errores de muestreo y el uso del intervalo de confianza.

López (2004) afirma que la mejor muestra es la población completa, aunque no siempre es posible trabajar con la totalidad de sus integrantes, ya sea por el tamaño, por el costo, por el tiempo o por todas estas razones.

Si el tamaño de la muestra se calcula según los algoritmos adecuados; se elige el tipo de muestreo más indicado a las características de la población y al tipo de estudio y las unidades muestrales se seleccionan en forma aleatoria, entonces la muestra es representativa de la población y los datos que tomemos de ella serán estimaciones muy aproximadas a la realidad de toda la población, aunque como en todo estudio muestral, se debe obtener el intervalo de confianza (IC) que indica la variación de las lecturas de una muestra a otra dentro de la misma población.

Cuando el estudio de factores de riesgo para la violencia se realiza bajo el diseño de Casos y Controles, se recomienda estudiar la población completa, y únicamente hacer uso del muestreo en los casos en los que las instituciones cuenten con una población escolar que sobrepase los 5, 000 miembros, contando a: los estudiantes, trabajadores de la educación, los padres, madres, tutores y tutoras de los estudiantes.

Un estudio censal (con toda la población), ofrece una estimación del riesgo de violencia más precisa que una muestra.

Es posible que en un proceso de prevención de la violencia escolar la intención inicial haya sido trabajar con toda la población, pero por diversas razones algunos de sus integrantes finalmente no participaron por lo que se debe calcular y reportar el Intervalo de Confianza.

4.7 Estrategia para la obtención de la información.

Figura 26. Obtención de la información.

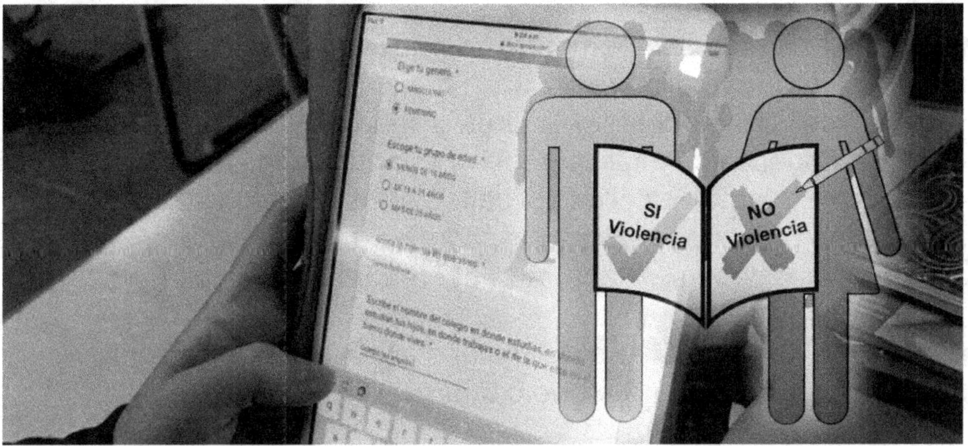

Fuente: *Elaboración propia.*

La obtención de la información para la determinación de los factores de riesgo y su medida, se puede realizar al menos de dos formas: la rápida y la lenta.

4.7.1 Obtención rápida.
4.7.2 Obtención lenta.

4.7.1 Obtención rápida.

La forma rápida consiste en aplicar el instrumento de medición (formulario) en versión electrónica para ser completado por toda la población escolar, empleando dispositivos electrónicos con acceso a internet.

Esta forma además de ser rápida es económica.

4.7.2 Obtención lenta.

La forma lenta consiste en aplicar una versión impresa del instrumento de medición, empleando aplicadores para que le proporcionen un formulario impreso en papel a cada miembro de la comunidad escolar.

Luego de aplicar y recoger el instrumento impreso a todos los integrantes de la población, se capturan los datos tarea que resulta bastante laboriosa y tardada.

Cuando las condiciones lo permiten, se pueden combinar estos procedimientos, lo que implica realizar un censo de conectividad entre los estudiantes, trabajadores y padres y madres de familia, con la finalidad de conocer cuantas personas cuentan con un dispositivo con conexión a internet y a ellos aplicarles el instrumento electrónico, el resto de las personas deberán responder un formulario impreso, cuya información debe ser capturada posteriormente.

Cada persona que resuelve el formulario electrónico representa un cuestionario que no se tendrá que capturar.

Si la población escolar es de 1000 personas y 700 tienen un dispositivo con internet, significa que se tiene que aplicar el formulario impreso a 300 individuos, para luego capturarlos en un archivo electrónico, lo cual de alguna manera, representa un ahorro importante de tiempo, dinero y esfuerzo.

Figura 27. Estudiante de secundaria completando un formulario para la determinación del riesgo de violencia escolar. Fuente elaboración propia.

4.8 Selección del software para el procesamiento de los datos.

Figura 28. Aplicaciones para el procesamiento de datos.

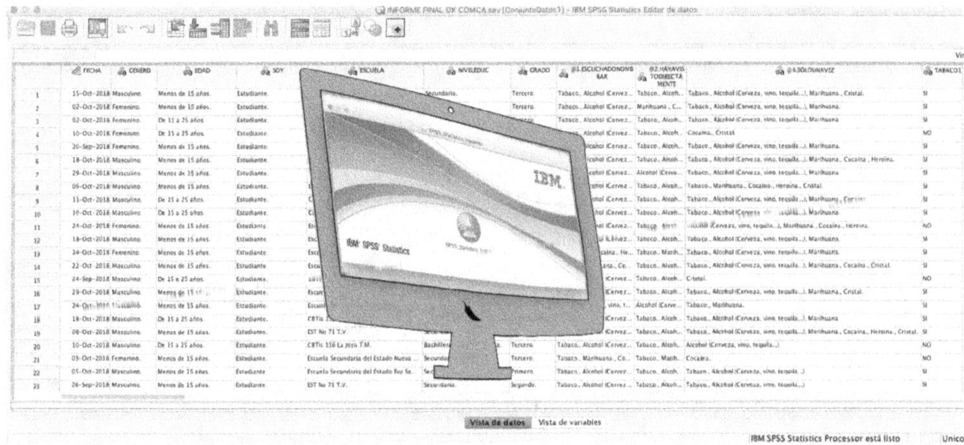

Fuente: *Elaboración propia.*

Existe una gran variedad de programas para el procesamiento de datos (López, 2004), si la información que es necesario procesar corresponde a cincuenta personas o más, seguramente será más sencillo si se hace apoyándose en algún tipo de software.

Una opción que resulta muy amigable por su parecido con el paquete de Excel, es el Statistical Package for the Social Sciences (SPSS), también conocido como PASW el cual se puede correr en Windows y en IOS.

SPSS es útil tanto para principiantes como para intermedios y avanzados, en él se pueden realizar todas las pruebas necesarias dentro de un proceso de prevención de la violencia escolar; aprender a manejarlo resulta relativamente sencillo sobre todo si ya se tiene habilidad con la computadora y en particular con Excel del paquete de Office.

Si no se cuenta con otras opciones, la recomendación es elegir SPSS (que actualmente lo puede encontrar en la versión No 26) como el programa para procesar la información.

"El hombre prudente sabe prevenir el mal, el hombre valeroso lo soporta sin quejarse."

Pitaco De Mitilene.
(Provervia, 2020).

4.9 Preparación de la hoja de datos.

Figura 29. Preparación de los datos para su procesamiento.

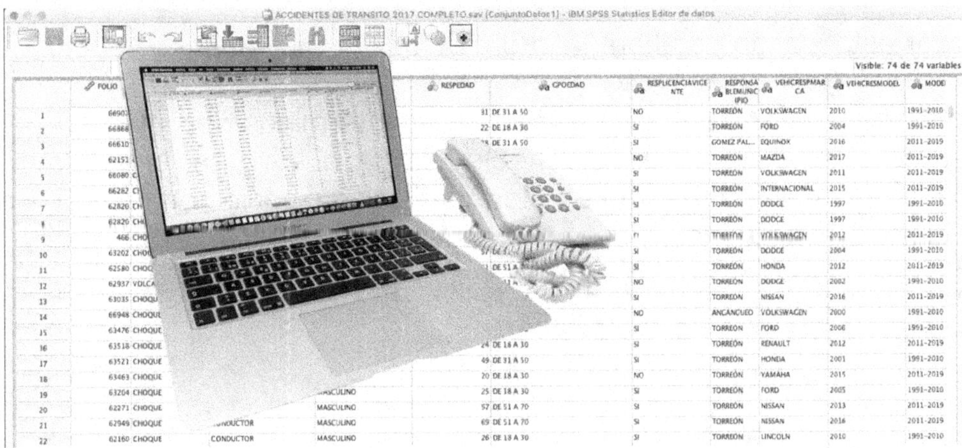

Fuente: *Elaboración propia.*

Una vez concentrada la información en un solo archivo, se prepara la hoja de datos para el procesamiento estadístico, tarea que puede realizarse en un archivo de Excel o directamente en SPSS.

La preparación de la hoja de datos es también una tarea tardada, laboriosa y consiste en *"corregir"* la información sin alterar las respuestas de los sujetos en estudio, a continuación se ofrece un ejemplo de esta operación.

Supóngase que uno de los datos solicitados en el instrumento de medición es *la colonia* en la que se ubica el domicilio de los integrantes de la comunidad educativa, y en esta columna encontramos la siguiente variedad de respuestas referidas a la misma colonia:

E. hda. la perla.
ex hacienda la perla
Ex hacienda La Perla.
Ex hda. la Perla.
H. la perla.

El sistema identifica y cuenta cada respuesta como una colonia diferente, por lo que se debe homogeneizar la información convirtiendo estas 4 respuestas en una sola, que indique el mismo lugar: Ex Hacienda La Perla.

Realizar esta acción no altera la información.

Además de la corrección de los datos en los términos descritos anteriormente, se debe crear la variable *Violencia*, esto es, si varios de los ítems del instrumento se refieren a la participación en hechos de violencia, esta variable deberá concentrar todas las respuestas positivas y negativas al respecto.

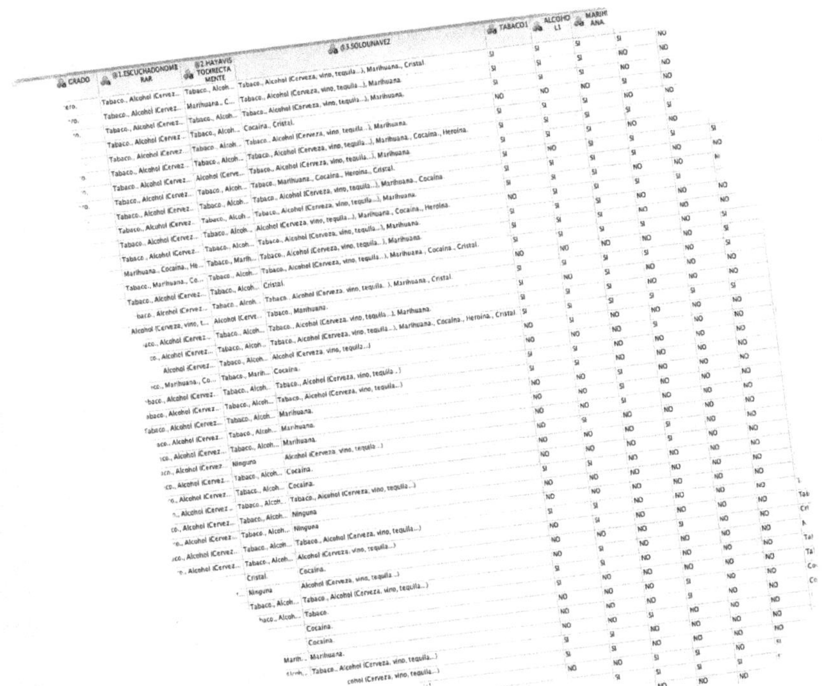

Figura 30. Fragmento de una hoja de datos preparada para la realización de las pruebas estadísticas correspondientes. Fuente: Elaboración propia.

4.10 Procesamiento de los datos.

Figura 31. Realización de las pruebas estadísticas.

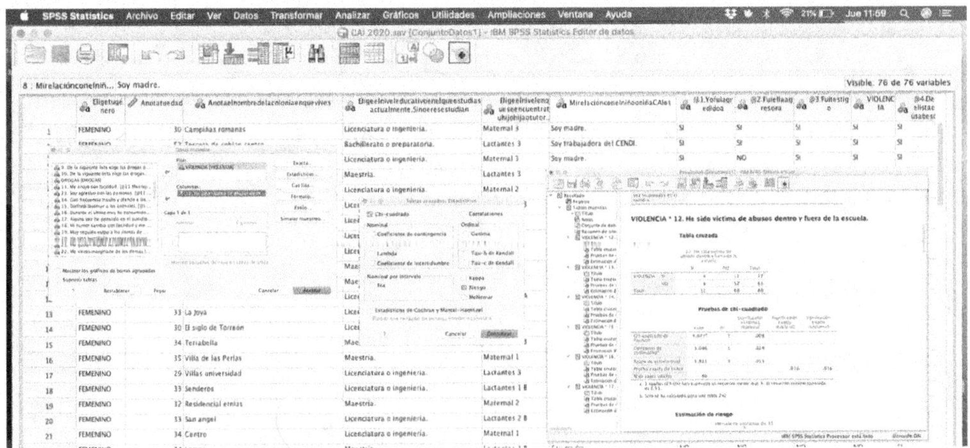

Fuente: *Elaboración propia.*

Ahora la hoja de datos esta limpia y ya fueron creadas las variables necesarias, pero los datos se encuentran en un archivo de Excel, que deberá convertirse al formato SPSS para su procesamiento, ahora bien, si los datos ya se encuentran en el formato de SPSS, entonces solo faltan unos cuántos clics para conocer cuales de los factores incluidos en el estudio están asociados a la violencia y cuales de ellos tambien son de riesgo.

El procesamiento de los datos básicamente consiste en realizar una comparación estadística (la prueba más popular y apropiada para verificar la asociación en los diseños de casos y controles es la de Chi cuadrada Xi^2) entre los casos expuestos a los factores, los casos no expuestos a los factores, los controles expuestos a los factores y los controles no expuestos a los factores, lo que resulta muy complicado realizar de forma manual, sin embargo, esta misma operación resulta muy simple cuando se cuenta con un programa de procesamiento estadístico de datos como el SPSS.

Enseguida se presentan algunos de los posibles objetivos del procesamiento de los datos:

✓ *Determinar el número de casos de violencia en la población escolar.*

✓ *Determinar la asociación entre los factores de exposición y la violencia.*

✓ *Determinar los factores de riesgo para la violencia escolar.*

✓ *Separar los factores de riesgo del total de factores de exposición personales, familiares, escolares y contextuales o sociales.*

✓ *Separar los factores de protección del total de factores de exposición personales, familiares, escolares y contextuales o sociales.*

Figura 32. Aplicación de pruebas estadísticas empleando un software para el procesamiento de datos. Fuente: Elaboración propia.

4.11 Elaboración del informe de factores de riesgo.

Figura 33. Informe de riesgos escolares.

Fuente: *Elaboración propia.*

Al concluir el procesamiento de la información se debe contar con la información necesaria y suficiente para elaborar el informe del riesgo de violencia escolar como por ejemplo: una relación de factores de riesgo para la violencia, una lista de factores asociados a la violencia sin medida de riesgo y un listado más de los factores que no están asociados a la violencia y tampoco presentan medida de riesgo, es decir, los factores de exposición.

Contando con la medida de riesgo de cada factor es posible calcular el riesgo de violencia de cada dimensión: personal, familiar, escolar y contextual, así como la sumatoria de las medidas de riesgo de todos los factores o riesgo acumulado.

Otro dato importante es el de la cantidad de casos detectados, lo que permite estimar la prevalencia de violencia presente en la escuela.

Por otro lado, y no menos importante que el anterior, se debe contar con información precisa de la cantidad de estudiantes, padres y madres, así como trabajadores, que participaron en el estudio, cuya marca de participación habrá que superar en eventos futuros, sobre todo en lo referente a la cantidad de: padres, madres, tutores y tutoras, que normalmente son menos participativos.

El informe debe ser breve, pero debe brindar la información suficiente para crear una idea clara sobre la situación de riesgo de violencia en la escuela.

Un informe de investigación normalmente presenta la siguiente estructura:

1. Título.
2. Resumen.
3. Método.
4. Resultados.
5. Discusión.
6. Referencias bibliográficas.

Más, el informe sobre esta actividad no tiene que ser necesariamente en este formato, es por eso, que para fines prácticos, se presenta una sugerencia de contenido para el informe de riesgo de violencia escolar, mismo que deberá presentarse a los directivos de la institución y posteriormente al Consejo Escolar de Participación Social para su conocimiento, pero sobre todo para que, con base en esta información se elabore del programa de prevención de la violencia escolar.

Sugerencia de contenido.

1. Ubicación de la Escuela.
2. Población escolar.
3. Cantidad de participantes en el llenado del formulario aplicado.
4. Cantidad personas que han participado en hechos de violencia.
5. Tipo de participación (rol) en los hechos de violencia.
6. Personas según el estrato, que están en riesgo de violencia.
7. Relación de factores de riesgo para la violencia por ámbito.
8. Factores de riesgo para la violencia, ordenados según su OR.
9. Distribución porcentual del riesgo de violencia en cada ámbito.
10. Conclusiones.
11. Recomendaciones.

El formato del informe puede variar, sin embargo, en cada escuela se debe cumplir con el propósito de describir la situación de la institución y su comunidad escolar en relación con la violencia, haciendo énfasis en los factores de riesgo, las dimensiones o ámbitos que presentan mayor riesgo (medida), reiterando que algunos factores de riesgo pueden ser universales, pero su medida varía de una escuela a otra, lo que exige un tratamiento preventivo distinto.

Evalúa tu dominio del capítulo No 4:

INSTRUCCIONES PARA OBTENER TU EVALUACIÓN.

1. *Haz Clic sobre el link* **bit.ly/385kHBZ** *o cópialo y pégalo en tu navegador y dale* **enter.**
2. *Completa el formulario.*
3. *Haz clic en enviar.*
4. *Recibe tu calificación al instante.*

Figura 34. Estudiantes produciendo impactos en el agua. Fuente: Elaboración propia.

CAPÍTULO 5

PROGRAMA DE PREVEN-CIÓN DE LA VIOLENCIA ESCOLAR

Contenido.

*"Cuando se puede evitar un mal es necedad acep-
tarlo."*

Terencio.

(Citas y proverbios, 2020).

5.1 Presentación del informe al CEPSE.

Figura 35. Presentación del informe de riesgos escolares.

Fuente: *Elaboración propia.*

El trabajo que inició con la detección de algunos síntomas y casos sospechosos de violencia escolar, no concluye al terminar de procesar la información recogida de los distintos actores de la comunidad educativa (en la que seguramente algunos integrantes resultaron asociados a la violencia dentro y fuera de la escuela) ni con haber elaborado el informe correspondiente en el que se hace un retrato hablado ilustrado con tablas y gráficas de datos del riesgo de violencia en la institución, interpretado y explicado de la mejor manera posible.

Con esto, la actividad de prevención apenas inicia, por lo que ahora es necesario que los miembros del Consejo Escolar de Participación Social en la Educación (CEPSE), conozcan los pormenores del problema de la violencia escolar a partir del riesgo encontrado, para lo cual se sugiere organizar una reunión extraordinaria en donde se trate esto como único asunto.

En dependencia de las posibilidades de la escuela y de los miembros de la comunidad escolar, se recomienda que antes del día de la reunión se haga entrega de un ejemplar del Informe de factores de riesgo para la violencia escolar en forma impresa, electrónica o en ambos formatos, a los miembros del CEPSE, con la finalidad de que lo lean, lo revisen, lo analicen y lo conozcan lo suficiente para poder opinar y realizar aportaciones y propuestas que conduzcan a la solución del problema de la violencia escolar.

La presentación del informe es responsabilidad del personal directivo, ellos lo elaboraron y deben conocerlo perfectamente antes de la realización de la reunión con el CEPSE.

Figura 36. Preparativos para la presentación del informe de riesgo. Fuente: Elaboración propia.

5.2 Selección de las dimensiones prioritarias qué se propone atender.

Figura 37. Dimensiones prioritarias.

Fuente: *Elaboración propia.*

Una vez conocidos cada uno de los factores de riesgo para la violencia escolar y después de haber analizado el riesgo que presentan cada una de las dimensiones: personal, familiar, escolar y contextual, el CEPSE debe tomar una decisión muy importante relacionada con las posibilidades y la cobertura de la prevención que están dispuestos a realizar para controlar la violencia antes de que esta se complique en la institución.

Para la formulación del programa de prevención de la violencia escolar, es posible que se elijan las cuatro dimensiones que se han venido manejando en este texto y que incluso se agregue algún aspecto que se considere importante, como pueden ser: el Uso Irresponsable de las Redes Sociales o el Manejo Inadecuado del Tiempo Libre, entre otros temas que se quieran tratar de manera especial.

También cabe la posibilidad de que el CEPSE, elija únicamente una de las cuatro dimensiones para realizar las tareas de prevención, en fin, una vez conocidos los resultados del estudio de factores de riesgo para la violencia escolar, el CEPSE es el órgano indicado, primero para enterarse del contenido del informe y segundo, para determinar si se abordan todas las dimensiones, si se selecciona alguna o algunas a partir de algún criterio convenido por la propia asamblea.

Figura 38. Selección de las dimensiones que se pretende atender de manera priorita-
ria para la prevención de la violencia escolar. Fuente: Elaboración propia.

5.3 Selección de los factores de riesgo.

Figura 39. Factores de riesgo prioritarios.

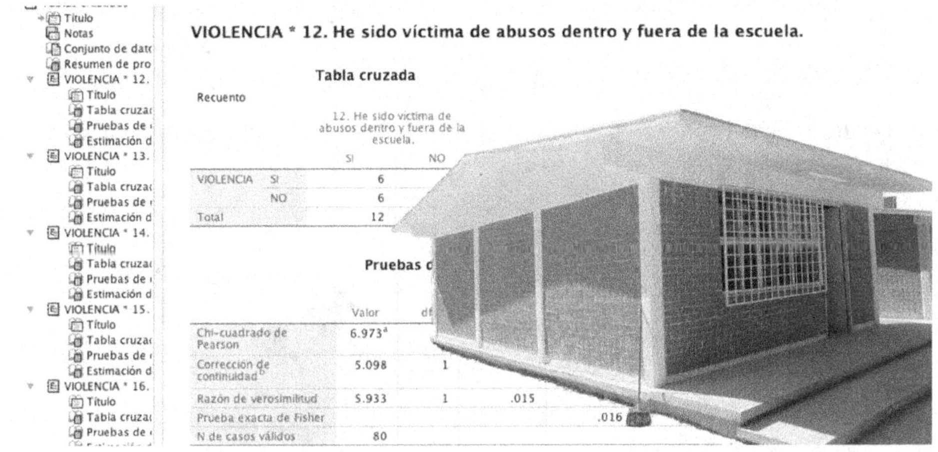

Fuente: *Elaboración propia.*

Al igual que en el caso anterior, ahora es necesario elegir los factores de riesgo en los que se va a enfocar el programa de prevención.

Esta elección puede estar inspirada en la magnitud del riesgo que presente cada uno de los factores; en la facilidad o dificultad que representen las acciones necesarias para la modificación del factor, incluso puede considerarse el costo económico de las acciones que representa eliminar o controlar cada factor como un criterio de inclusión o exclusión del programa de prevención.

Lo importante de esta tarea es que la inclusión o exclusión de factores de riesgo sea el resultado de la discusión, el análisis, el consenso y el acuerdo consiente de los representantes de la comunidad escolar, así como de la total disposición para la realización de las acciones y operaciones necesarias para controlar la violencia escolar de la institución.

En este caso el ingrediente novedoso es la medida de riesgo de violencia, por lo que la decisión de mantener o eliminar algún factor ya no será a ciegas ni basándose en la percepción; en esta ocasión será una elección consiente, basada en parámetros e indicadores que permitan conocer cuales factores representan un riesgo importante y cuales no.

Aunque probablemente la elección de los factores tenderá a favorecer a los que presentan una mayor medida, no es una regla que hay que seguir ciegamente, por lo que debe aceptarse la eliminación de algún factor de riesgo con una medida alta, bajo el argumento de lo complicado o costoso que podrían resultar las acciones de prevención correspondientes.

Figura 40. La violencia en casa como factor de riesgo para la violencia escolar. Fuente: Elaboración propia.

5.4 Elaboración del sistema de objetivos del programa de prevención.

Figura 41. Objetivo general de la prevención.

Fuente: *Elaboración propia.*

El objetivo esencial de la prevención es disminuir o eliminar un riesgo, sin embargo, frecuentemente se intenta relacionar de manera directa la variabilidad del riesgo con el comportamiento de la prevalencia y la incidencia, con las que desde luego está vinculado, pero no de esa forma. La variación de la prevalencia y la incidencia es considerada en los objetivos de mediano y largo plazo, ya que la disminución del riesgo no se refleja de manera inmediata y proporcional en la frecuencia de la aparición y acumulación de casos; después de un tiempo razonable, la prevención también debe provocar variación en la prevalencia y la incidencia, pues no tendría sentido declarar como exitoso un programa de prevención en donde se baja el riesgo pero la prevalencia y la incidencia se mantienen o se incrementan; lo lógico es que gradualmente ambas disminuyan por el efecto preventor.

5.4.1. Objetivo general del programa de prevención.

El objetivo del programa de prevención debe plantearse como la reducción significativa del riesgo para la ocurrencia de la violencia escolar, por ejemplo:
El objetivo general de este programa de prevención es lograr la reducción significativa del riesgo de violencia, en la comunidad escolar

de la Escuela Secundaria Técnica Juan Rulfo, de la ciudad de Torreón, Coahuila, en el presente ciclo escolar.

En este objetivo, la reducción significativa se entiende una disminución considerable en la medida de riesgo inicial como resultado de las acciones de prevención implementadas; así mismo, al enfocar el trabajo a la comunidad escolar se está involucrando a: los estudiantes y egresados; a los trabajadores de la escuela; a los padres, madres y tutores; a las personas que cuidan y son responsables de algunos de los estudiantes, es decir, a la comunidad escolar completa.

5.4.2. Objetivos particulares del programa de prevención.

Una vez planteado el objetivo general del programa, este se debe analizar separando sus componentes esenciales, resultando así sus objetivos particulares.

Si el objetivo general propone la disminución del riesgo general, ahora se deben establecer los logros parciales que en suma constituyan el logro general, enseguida se ofrece un ejemplo basado en el objetivo general antes planteado.

Objetivo General:

> *El objetivo general de este programa de prevención es lograr la disminución significativa del riesgo de violencia, en la comunidad escolar de la Escuela Secundaria Técnica Juan Rulfo, de la ciudad de Torreón, Coahuila, en el ciclo escolar 2019-2020.*

Objetivos particulares:

> *1. Disminuir significativamente el riesgo (RA, RR u OR).*
> *2. Disminuir significativamente la prevalencia.*
> *3. Disminuir significativamente la incidencia.*
> *4. Disminuir significativamente las bajas por violencia (Letalidad).*

En teoría, la suma de los objetivos particulares es igual al objetivo general.

5.4.3. Objetivos específicos del programa de prevención.

Es difícil lograr de manera directa el objetivo general, para conseguirlo es necesario ir ejecutando una serie de acciones y operaciones que conduzcan al logro que en él se plantea.

El proceso que conduce al logro del objetivo general se puede imaginar analógicamente como un viaje largo por carretera, en donde el punto final de llegada es el objetivo general, pero en el trayecto existen algunas paradas de descanso y estaciones que es necesario visitar en esta ruta; cada una de las paradas de descanso representa a un objetivo específico y cada estación equivale a un obetivo particular por los cuales se debe pasar como condición para llegar al objetivo general.

Los objetivos específicos se ubican en el nivel operativo de la actividad, proponen un nievel de logro que se obtiene a partir de la aplicación práctica de un sistema de operaciones ejecutables de manera directa.
El logro de dos o más objetivos específicos equivale al logro de un objetivo particular.

Objetivos específicos:

- ✔ *Obtener el Diagnóstico de riesgo para la violencia escolar durante el primer mes del ciclo escolar, haciendo uso del diseño de casos y controles para fijar el punto de partida del proceso de prevención.*

- ✔ *Elaborar el informe de factores de riesgo para presentarlo al CEPSE la primera quincena del segundo mes del ciclo escolar.*

- ✔ *Presentar al CEPSE el informe de riesgo para su análisis la primera quincena del segundo mes del ciclo escolar.*

- ✔ *Elaborar el programa de prevención la segunda quincena del segundo mes del ciclo escolar.*

- ✔ *Dar seguimiento al programa de prevención durante los*

meses: tercero, cuarto y quinto del ciclo escolar.

✔ Continuar el seguimiento del programa de prevención durante los meses: octavo y noveno del ciclo escolar.

✔ Realizar la medición final (2ª) de riesgos para la violencia escolar durante el noveno mes del ciclo escolar.

✔ Determinar el impacto del programa de prevención la última semana del noveno mes del ciclo escolar.

✔ Elaborar el informe final la primera semana del décimo mes del ciclo escolar.

✔ Presentar el informe final al CEPSE la segunda semana del decimos mes del ciclo escolar.

✔ Publicar el informe final la tercera semana del décimo mes del ciclo escolar.

✔ Difundir el informe de prevención la cuarta semana del décimo mes del ciclo escolar.

5.5 Formulación de las preguntas guía para la prevención.

Figura 42. Preguntas para lograr la prevención.

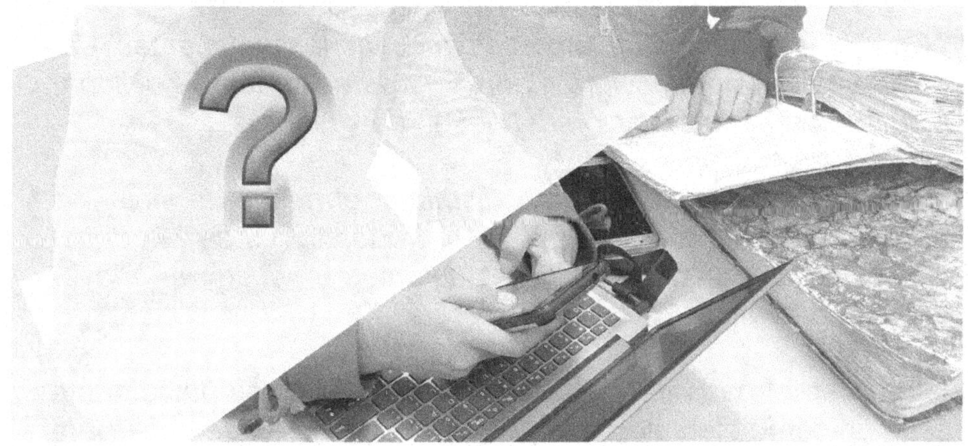

Fuente: *Elaboración propia.*

Cuando aparecen algunos casos de violencia en alguna escuela, las primeras preguntas que surgen son: ¿Este será el último de los casos de violencia?, ¿cuántos eventos más vienen en camino?, ¿cuándo se va a presentar el próximo suceso?, ¿quienes serán los participantes en el próximo conflicto?, ¿a qué se debe la presencia de violencia en la escuela?, ¿qué tipo de factores están promoviendo la ocurrencia de violencia en la escuela?, estas y otras interrogantes van a surgir con seguridad y es posible que no encuentren una respuesta fácil, rápida y mucho menos acertada si se continua evitando buscarles las respuestas a través de un proceso de investigación e intervención.

A continuación, se proponen algunas preguntas que pudieran servir de guía en el proceso de prevención de la violencia escolar.

¿Cuáles son las posibles fuentes de contagio de la violencia en los estudiantes, trabajadores de la educación, madres y padres de los estudiantes, y personas de la comunidad aledaña a la escuela?

¿Cuáles de los factores personales, familiares, escolares y contextuales están asociados a la violencia escolar?

¿Cuáles de los factores personales, familiares, escolares y contextuales asociados a la violencia escolar son también factores de riesgo?

¿Cuál es la magnitud de la participación de los estudiantes, trabajadores de la educación, madres y padres de familia al llenar el instrumento de medición del riesgo de violencia?

¿Cuáles de las acciones para disminuir el riesgo de violencia escolar, dirigidas a los estudiantes, trabajadores de la educación, madres y padres de los estudiantes producen un mayor impacto preventivo?

Al igual que en el caso de las tareas, estas preguntas unicamente se presentan como ejemplos que posiblemente sirvan de base para desarrollar un sistema de preguntas propio.

5.6 Elaboración de las operaciones de prevención.

Tabla 8. Operaciones Preventivas.

ACTIVIDAD	ACCIONES	OPERACIONES
PREVENCIÓN DE LA VIOLENCIA ESCOLAR.	Encuestar a los miembros de la comunidad escolar.	*Saludar.* *Presentarse.* *Explicar el motivo de la solicitud de información.* *Explicar el procedimiento de llenado del instrumento.* *Entregar el link del instrumento de medición.* *Monitorear la cantidad de personas que han respondido el instrumento.* *Informar la conclusión de la aplicación del instrumento de medición.*
	Elaborar el informe de riesgo para la violencia escolar.	*Elegir el sistema de referenciación.* *Dar formato a la página.* *Seleccionar las ilustraciones.* *Redactar el texto* *Insertar las tablas de datos.* *Actualizar la tabla de contenido.* *Verificar el formato de las referencias.* *Realizar una revisión general del informe.*
	Presentar el informe de riesgo para la violencia escolar al CEPSE	*Elaborar la convocatoria para la reunión del CEPSe* *Enviar la convocatoria a los miembros del CEPSE.* *Limpiar el espacio donde se realizará la reunión.* *Acomodar el mobiliario para la reunión.* *Conectar el proyector.*

Fuente: *Elaboración propia.*

Las operaciones se ubican en el nivel ejecutable de la actividad, son procedimientos simples de ejecución directa y automatizables en forma de hábitos, a diferencia de las acciones que son consientes y orientadas a la formación de habilidades (Blanco Asplazú, 2010). Se insiste en esta aclaración con la finalidad de evitar la confusión relativamente frecuente entre las categorías de la actividad, acción y operación.

En esta propuesta, la actividad se expresa a través del objetivo general, las acciones, son las bases para la elaboración de los objetivos particulares y las operaciones son en su conjunto la materia prima para la construcción de los objetivos específicos.

En la tabla 8 se presenta un ejemplo de operaciones comparadas con las acciones y la actividad.

La elaboración de las operaciones de prevención consiste en establecer un sistema de tareas ejecutables que son necesarias e indispensables para el logro de los objetivos específicos del programa, para lo cual no existe una cantidad definida, más bien esta depende de la capacidad de análisis de quienes realizan esta labor, ya que seguramente para un mismo objetivo específico, distintas personas elaborarán una cantidad diferente de operaciones; con un mayor nivel de detalle unas que otras.

Lo importante de las operaciones que integran los objetivos específicos es que cumplan con las condiciónes de ser ejecutables directamente y realizables con un mínimo de participación de la conciencia.

Figura 43. El maltrato infantil en casa como medida disciplinaria es un factor de riesgo para la violencia escolar. Fuente: Elaboración propia

5.7 Calendarización de las operaciones de prevención.

Tabla 9. Calendario de la prevención.

ACTIVIDAD	ACCIONES	OPERACIONES	FECHA DE REALIZACIÓN
PREVEN-CIÓN DE LA VIOLENCIA ESCOLAR.	Encuestar a los miembros de la comunidad escolar.	*Saludar.*	2 al 20 de sept.
		Presentarse.	2 al 20 de sept.
		Explicar el motivo de la solicitud de información.	2 al 20 de sept.
		Explicar el procedimiento de llenado del instrumento.	2 al 20 de sept.
		Entregar el link del instrumento de medición.	2 al 20 de sept.
		Monitorear la cantidad de personas que han respondido el instrumento.	2 al 20 de sept.
		Informar la conclusión de la aplicación del instrumento de medición.	23 de sept.
	Elaborar el informe de riesgo para la violencia escolar.	*Elegir el sistema de referenciación.*	24 al 27 de sept.
		Dar formato a la página.	24 al 27 de sept.
		Seleccionar las ilustraciones.	24 al 27 de sept.
		Redactar el texto.	24 al 27 de sept.
		Insertar las tablas de datos.	24 al 27 de sept.
		Actualizar la tabla de contenido.	24 al 27 de sept.
		Verificar el formato de las referencias.	24 al 27 de sept.
		Realizar una revisión general del informe.	24 al 27 de sept.
	Presentar el informe de riesgo para la violencia escolar al CEPSE.	*Elaborar la convocatoria para la reunión del CEPSE.*	24 al 27 de sept.
		Enviar la convocatoria a los miembros del CEPSE.	24 al 27 de sept.
		Limpiar el espacio donde se realizará la reunión.	24 al 27 de sept.
		Acomodar el mobiliario para la reunión.	24 al 27 de sept.
		Conectar el proyector.	29 de sept.
		Presentar el informe de riesgo para la violencia al CEPSE.	29 de sept.

Fuente: *Elaboración propia.*

Una vez elaboradas las operaciones de prevención, calendarizarlas es una tarea sencilla como se muestra en la tabla 9, puesto que los objetivos específicos, en donde se ubican las operaciones ya contienen un periodo de realización, por lo cual, lo único que queda por hacer es distribuir las operaciones en el periodo de tiempo correspondiente a cada uno de los objetivos específicos y asignarles una fecha estimada de realización, tal como se muestra en la tabla; aclarando que este no es el único formato en el que es posible presentar el calendario de operaciones.

"Si no se conoce la causa de los fenómenos, las cosas se manifiestan secretas, oscuras y discutibles, pero todo se clarifica cuando las causas se hacen evidentes".

Luis Pasteur.

(Scribd, 2020).

5.8 Cronograma de las operaciones de prevención.

Figura 44. Elaboración del cronograma de la prevención.

Fuente: *Elaboración propia.*

El cronograma es una herramienta muy importante y útil para el seguimiento de proyectos, a diferencia del calendario, el cronograma es una representación gráfica del sistema de acciones y operaciones, en el que se puede observar de manera simple y rápida desde su fecha de inicio hasta su fecha de terminación.

Frecuentemente se confunde el calendario con el cronograma y aunque ambos representan la distribución de un sistema de tareas a lo largo de su periodo de realización, en el calendario es difícil distinguir las fechas de inicio y término de cada una de ellas, a diferencia del cronograma, cuya forma de representación es gráfica; muestra el punto de inicio, la extensión y la finalización de cada tarea, por lo que resulta más útil y cómodo que el calendario.

Existen algunas variantes en el formato del cronograma, predominando en el ámbito educativo el uso de los diagramas de Gantt y el de Pert.

El diagrama de Gantt es un cuadro de doble entrada, en donde las filas contienen las tareas y en las columnas se anota el tiempo de duración de cada una de ellas.

El diagrama de Pert además de representar visualmente las tareas y su duración en el tiempo, muestra las relaciones entre ellas, lo que permite optimizar su tiempo de realización.

Figura 45. Elección del tipo de cronograma. Fuente: Elaboración propia.

5.9 Elaboración del presupuesto de prevención.

Figura 46. El costo de la prevención.

Fuente: *Elaboración propia.*

El éxito o fracaso de un proyecto depende en buena medida del cuidado que se tenga al calcular los costos que este representa, incluyendo aquellos recursos con los que se cuenta, como son: los sueldos y salarios que ya recibe el personal que participa en la actividad así como los bienes que ya posee la institución. Es importante conocer el costo total del programa y no únicamente el monto de los recursos que no tenemos y debemos adquirir a propósito del programa de prevención.

Si en el programa van a participar dos personas que ya reciben un sueldo por parte de la institución; se cuenta con el material de oficina; la impresión de los documentos se hará utilizando el equipo y los insumos existentes, se debe calcular cuanto costaría obtener esto si no se tuviera en existencia e incluirlo en el presupuesto.

El presupuesto, es la estimación previa de la cantidad de dinero que se necesita para cubrir los gastos totales de un programa, aunque también es posible que durante su ejecución se presenten algunos gastos no previstos, los cuales tambien se deberán incluir en el presupuesto.

Para la elaboración del presupuesto de un programa para prevención de la violencia se deben considerar al menos los siguientes elementos:

1. Concepto.
2. Descripción.
3. Costo unitario.
4. Costo total.

Se recomienda incluir los costos de todos los recursos que se van a aplicar al programa de prevención, sumando aquellos con los que ya se cuenta, con la finalidad de poder estimar el costo real del programa.

Figura 47. Elaboración del presupuesto del programa de prevención de la violencia escolar. Fuente: Elaboración propia.

5.10 Elaboración del sistema de evaluación del impacto del programa de prevención.

Figura 48. Indicadores de impacto.

Fuente: *Elaboración propia.*

Todo programa pretende lograr un objetivo general, que en el caso del programa de prevención de la violencia escolar, debe estar planteado en función de la disminución significativa del riesgo de violencia o de su eliminación total, por lo tanto, lo correcto es que al finalizar la operación del programa se verifique el resultado de la intervención, para lo cual hay que contrastar el logro establecido en el objetivo y el logro real.

En el objetivo general se plantea un nivel de logro que es posible conseguir a través de la realización de la actividad del programa, pero este logro deseado puede verse afectado debido a múltiples factores que no fueron considerados a la hora de su formulación, por tal razón es necesario aplicar una evaluación del impacto que revele el logro real que se obtuvo después de la intervención.

Los indicadores a considerar para la configuración del sistema de evaluación del impacto de la prevención son:

✓ *La Reducción Absoluta del Riesgo, que muestra lla variación del riesgo a partir de la exposición a factores de protección.*

✓ *La variación del Odds Ratio (OR), que representa variación del riesgo dentro del diseño de casos y controles.*

✓ *La variación del Riesgo Atribuible (RA), útil para conocer el efecto atribuible a algunos factores de riesgo.*

✓ *La proporción del riesgo atribuible (RA%) que sirve para estimar la cantidad de casos de violencia en la población expuesta al factor de riesgo, que se evitarían, si se les aleja de ese factor.*

✓ *La variación de la Prevalencia, que se aplica para calcular la variación de la proporción de los casos existentes antes y después de la intervención.*

✓ *La variación de la Incidencia, útil para conocer la variación en la velocidad de aparición de nuevos casos.*

Contar con estos datos brinda la posibilidad de determinar y conocer el impacto generado por la actividad preventora aplicada, con el propósito de obtener cada vez un mayor y mejor impacto.

Evalúa tu dominio del capítulo No 5:

INSTRUCCIONES PARA OBTENER TU EVALUACIÓN.

1. Haz Clic sobre el link **bit.ly/2FLrDZ5** o cópialo y pégalo en tu navegador y dale **enter**.
2. Completa el formulario.
3. Haz clic en enviar.
4. Recibe tu calificación al instante.

CAPÍTULO 6

EVALUACIÓN DE IMPACTO

Contenido.

6.1 Definición de impacto.

6.2 Utilidad de la evaluación de impacto.

6.3 Evaluación del impacto del programa de prevención.

"El único propósito del castigo es la prevención del mal; nunca impulsará a nadie al bien."

Horace Mann.
(Literato, 2020).

6.1 Definición de impacto.

Figura 49. Significado del impacto.

Fuente: *Elaboración propia.*

Existen diversos enfoques teóricos sobre el significado del impacto y su evaluación, lo cual conduce a encontrar en la literatura distintas y variadas definiciones sobre este término, lo que hace necesario adoptar alguna de las definiciones que mantenga la coherencia con el planteamiento avanzado hasta este momento en lo que se refiere a la prevención efectiva de la violencia escolar.

Cohen, (citado por Valdés, M., 2020) define la evaluación de impacto como *"la diferencia existente entre un conjunto de características iniciales y las características finales observadas en la ejecución del un programa o proyecto"*, es decir, el impacto es el efecto que produce la ejecución de una serie de acciones y operaciones aplicadas a una situación con la intención de hacer que varíe, y es el cambio logrado, positivo o negativo a lo que se llama impacto.

La definición de impacto elaborada por Cohen armoniza fielmente con el planteamiento de esta propuesta, por lo que al hacer referencia a este término será con apego al significado establecido por este autor.

El impacto, se refiere a la diferencia entre la magnitud del riesgo inicial y la magnitud de riesgo final, recordando que el principal indicador de impacto en el campo de la epidemiología es la reducción absoluta del riesgo (RAR).

Sin la evaluación del impacto resulta prácticamente imposible hablar de prevención efectiva de violencia escolar, ya que la efectividad se cuenta a partir de la capacidad que hayan demostrado el conjunto de acciones integrantes del proceso de intervención para eliminar o disminuir el riesgo calculado en el momento inicial del proceso de prevención, el cuál representa la referencia anterior a la intervención.

En dependencia de los recursos con que se cuente, la evaluación de impacto podría no limitarse a una comparación del antes y el después, sino extenderse a un periodo de tiempo más o menos largo posterior a la intervención, lo cual daría la posibilidad de conocer la duración del efecto preventivo logrado meses o años después.

En el campo de la prevención de la violencia escolar, la situación inicial se representa con una medida de riesgo para la ocurrencia de la violencia, la cual puede reportarse por cada factor o en forma acumulada, recordando que cada uno de los factores presenta su propia medida y que la suma de todas sus medidas es lo que se conoce como *riesgo acumulado*; mientras que el *riesgo promedio* es igual a la suma de todas las medidas obtenidas divididas entre la cantidad de factores considerados, estas medidas tambien pueden resultar útiles para la realización de comparaciones antes-después, aunque oficialmente no son empleadas para evaluar el impacto en el campo epidemiológico.

6.2 Utilidad de la evaluación del impacto.

Figura 50. Importancia del impacto de la prevención.

Fuente: *Elaboración propia.*

La importancia del impacto radica en conocer con certeza si algo cambia en el contexto de aplicación del programa de prevención y si ese cambio se produce en el sentido y la dirección esperados, obviamente lo deseable es que esa modificación suceda también en la magnitud prevista, con lo que no quedaría duda de que las acciones aplicadas fueron las apropiadas y que con ellas se logró resolver el problema de violencia escolar planteado, sin embargo, no siempre los programas de esta naturaleza resultan exitosos en su primera aplicación, por lo que hay que estar preparados por aquello de que el impacto resulte contrario a lo esperado.

En relación a la utilidad de la obtención del impacto, Abdala, E. (2004) menciona que tiene varias bondades, ya que entre otras cosas permite:

✓ *Registrar y analizar todas las experiencias positivas y negativas.*

✓ *Evaluar el contexto.*

✓ *Informar de manera clara y precisa a los tomadores de decisiones.*

Además, revela la efectividad de cada una de las acciones realizadas para resolver el problema de violencia; induce a mejorar alguna situación de convivencia escolar y brinda la información necesaria para tomar alguna de las siguientes decisiones:

✔ *Mantener la aplicación de las acciones con base en los buenos resultados alcanzados en la disminución del riesgo de violencia.*

✔ *Eliminar las acciones que no favorecieron la disminución del riesgo de violencia.*

✔ *Incorporar nuevas acciones con el propósito de experimentar su efectividad en la reducción del riesgo de violencia*

En lo general, conocer el impacto logrado en materia de prevención autoriza la declación del éxito o fracaso del programa y decisión de su replicación en el futuro; en lo particular, provee la información respecto a la efectividad de las acciones realizadas y en lo especifico, ofrece la certeza de saber si se está avanzado en la solución del problema; si se permanece estacionado o si incluso se está favoreciendo la complicación del problema de violencia en la escuela.

Determinar el impacto es fundamental para la correcta toma de decisiones relacionadas con la continuación o cancelación del programa de prevención de la violencia escolar.

6.3 Evaluación del impacto de la prevención.

Figura 51. Evaluación del impacto de la prevención.

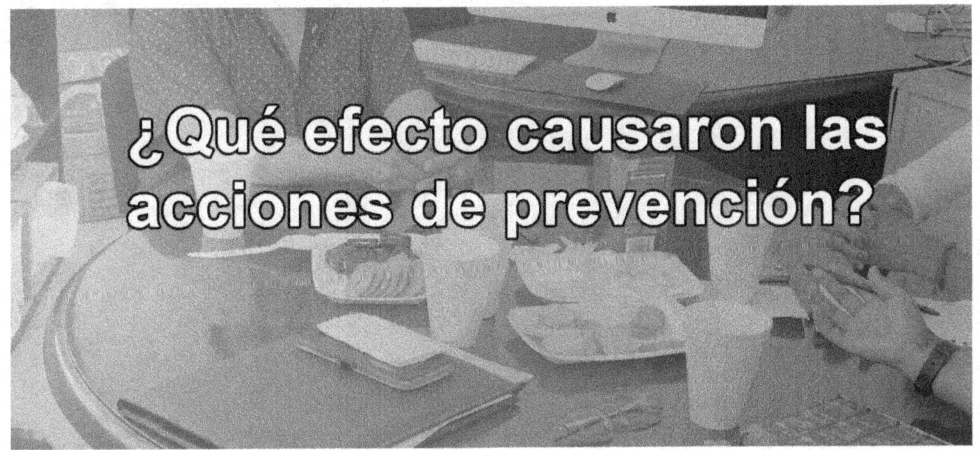

Fuente: *Elaboración propia.*

El objetivo de la prevención es reducir o eliminar el riesgo que representan uno o varios factores relacionados con algún evento indeseable, en este caso la violencia.

Para obtener el impacto de un programa de prevención, es *casi* suficiente determinar la variación del riesgo, lo cual se consigue calculando la Reducción Absoluta del Riesgo (RAR), pero tal como lo señalan Mirón Canelo & Alonso Sardón (2008), hay otros indicadores de impacto que resulta conveniente considerar con la finalidad de ampliar el conocimiento sobre el efecto de la intervención, estos indicadores son:

> *6.1.1 La Reducción Absoluta del Riesgo (RAR).*
> *6.1.2 El Riesgo Atribuible a los Expuestos (RA).*
> *6.1.3 La Fracción Atribuible a los Expuestos (FAE).*
> *6.1.4 La Reducción del Riesgo Relativo (RRR).*

6.1.1. La Reducción Absoluta del Riesgo.

La Reducción Absoluta del Riesgo (RAR) es el indicador de impacto por excelencia, con ella, se determina la variación del riesgo en la población expuesta a los factores de riesgo restando los casos de las personas no expuestas a los casos de las personas expuestas.

6.1. 2 El Riesgo Atribuible a los Expuestos.

El RA obtenido antes y después de la intervención señala el efecto absoluto de los factores de riesgo que producen la violencia en la población expuesta.

6.1. 3 La Fracción Atribuible a los Expuestos.

La FAE es el indicador que determina la cantidad de personas que no habrían sido parte de la violencia de no haber estado expuestos a los factores de riesgo.

6.1. 4 La Reducción del Riesgo Relativo.

La RRR es el indicador que muestra la reducción del riesgo antes y después de la intervención cuando se trata de estudios de Cohortes aplicado a la población expuesta.

Los siguientes indicadores tambien ofrecen información sobre el cambio de la situación estudiada, aunque no se consideran de impacto:

a. *La reducción del Odds Ratio (OR).*
b. *La variación de la prevalencia (P).*
c. *La variación de la incidencia (I).*

El OR es una medida de asociación obtenida en los estudios de casos y controles *"equivalente"* al RR, la prevalencia y la incidencia son indicadores de frecuencia (Mirón Canelo & Alonso Sardón, 2008), sin embargo resulta pertinente e interesante relacionarlos con las variaciones del riesgo, enseguida se ofrece la definición de cada uno de ellos.

a. Reducción del Odds Ratio.

Es la variación del OR obtenido antes y después de la ejecución de las tareas de prevención, la cual permite conocer la probabilidad de que los miembros de la comunidad escolar participen en actos de violencia, el OR se considera un estimador del RR, por lo que en los estudios de casos y controles es correcto considerar la Reducción del

OR como una medida de impacto; si después de la intervención se logra una reducción significativa del OR podemos tomarlo como una señal de éxito del programa de prevención, aunque esta variación no siempre puede ser atribuida de manera exclusiva a la intervención realizada, por lo que es necesario considerar otros indicadores que confirmen, delimiten o nieguen el logro obtenido.

b. La Variación de la Prevalencia.

La prevalencia es la proporción de casos de violencia existentes en una comunidad en un momento determinado, la variación de sus valores de antes y después también es útil para explicar los resultados de la intervención preventora.

c. La Variación de la Incidencia.

En los estudios de casos y controles la incidencia adopta el valor de la prevalencia, esta última se integra con la incidencia de los casos ocurridos el ciclo anterior por lo que en este diseño es válido comparar la incidencia inicial con el valor que alcancen los nuevos casos .

A continuación, se presenta un ejemplo que ilustra lo anterior.

Supóngase que en un programa de prevención se obtuvieron los datos contenidos en la siguiente tabla:

Tabla 10. Ejemplo de impacto de la prevención.

MOMENTO	RAR	OR	RA	P	I
Antes	81	126	95	67	67
Después	33	5	47	75	8
Impacto	-48	-121	-48	+8	-59

Fuente: *Elaboración propia.*

En la tabla 10 se muestran los datos obtenidos antes y después de la realización de las acciones de prevención, así como la diferencia encontrada en ellos, lo cual representa el impacto generado por la intervención aplicada; como se puede apreciar, la RAR, el OR y la RA disminuyeron de manera importante; la proporcion de casos (P) en el antes es de 67 y en el después de 75, esto indica que durante el proceso aparecieron 8 nuevos casos que se sumaron a los que se tenía al iniciar, lo cual se interpreta como un aumento de la prevalencia, en donde, si la población en estudio es de 100 personas, se podría manejar como 8%.

Se dijo que la prevalencia y la incidencia presentan el mismo valor al inicio de un proceso de prevención en donde se trabaja con casos y controles, esto se puede verificiar en la tabla 10 en donde el "antes" es de 67 casos para ambos indicadores; en el "después" la incidencia muestra que en ese periodo solo se presentaron 8 casos respecto a los 67 casos que aparecieron en el periodo anterior, lo cual se interpreta como una reducción de casos: el ciclo pasado fueron 67 y en el actual unicamente 8 por lo que le variación de la incidencia fue de 57 casos menos que el ciclo anterior.

CAPÍTULO 7

ELABORACIÓN DEL INFORME DEL PROGRAMA DE PREVENCIÓN.

Contenido.

"Si alguien busca la salud, pregúntale si está dispuesto a evitar en el futuro las causas de la enfermedad; en caso contrario, abstente de ayudarle."

Sócrates.

(Palomo Trigueros, P., 2013).

7.1 Diseño del informe de prevención.

Figura 52. Elaboración del informe.

Fuente: *Elaboración propia.*

Una vez concluido el proceso de prevención se debe elaborar el informe de tipo demostrativo en donde se describan: los detalles del proceso de prevención, las conclusiones, la discusión sobre los resultados obtenidos y las recomendaciones.

El informe debe ser un documento sencillo y concreto, elaborado con la finalidad de comunicar los resultados y apuntar las acciones futuras en la misma línea de trabajo.

La estructura del informe debe contar con las siguientes partes:

1. *Portada.*
2. *Índice.*
3. *Introducción.*
4. *Método.*
5. *Resultados.*
6. *Discusión de los resultados.*
7. *Conclusiones.*
8. *Recomendaciones.*

"Mirar es una cosa. Ver lo que se está mirando es otra. Entender lo que se ve, es aún otra. Llegar a aprender de lo que se entiende, es algo más. Pero llegar a actuar en base a lo que se ha aprendido, es todo lo que realmente importa".

Winston Churchill.

(Montoya Roldán, H., 2011).

7.2 Redacción del Informe de prevención.

Figura 53. Norma APA.

Fuente: *Elaboración propia.*

El sistema de referenciación más popular en el ámbito educativo es el elaborado por la American Psycological Association (APA) por lo que se recomienda apegarse a el para la redacción del informe, de tal manera que también resulte útil para la comunidad académica y científica del campo de la educación.

La redacción del informe según la norma APA debe ajustarse al menos a las siguientes condiciones de formato:

✓ *Hoja tamaño carta.*
✓ *Tipo de letra arial o times new roman tamaño 12.*
✓ *Interlineado 1.5*
✓ *Para títulos de tablas y gráficos usar letra tamaño 11.*
✓ *Los títulos y subtítulos deben ir en negritas.*
✓ *Margen izquierdo de 4 cm.*
✓ *Márgenes: derecho, superior e inferior, de 3 cm.*
✓ *En la numeración de las hojas usar números arábigos.*
✓ *No numerar la contraportada, pero contar todas las hojas.*

"*Esperamos que pueda suceder cualquier cosa, y nunca estamos prevenidos para nada.*"

Anne Sophie Swetchine.

(Dintel, 2020).

7.3 Presentación y discusión de los resultados de la prevención.

Figura 54. Presentación de los resultados de la prevención.

Fuente: *Elaboración propia.*

Con la presentación de los resultados obtenidos sobre la variación del riesgo de violencia se llega al final de un ciclo de prevención.

En este momento, lo más importante es: informar, reflexionar y discutir los resultados obtenidos; dialogar sobre la efectividad de las acciones ejecutadas, reconociendo aquellas que consiguieron un mayor impacto; pero también identificando las que no causaron efecto alguno en la disminución del riesgo de violencia escolar.

El final de este ciclo marca el inicio del siguiente, resulta ingenuo pensar que los factores de riesgo que se logró controlar van a permanecer inmóviles el siguiente año; la mayoría de los factores de riesgo solo se controlan temporalmente y por esa razón se debe mantener una vigilancia permanente sobre ellos, incluso sobre los factores que ahora no resultaron ser de riesgo, pero que más tarde pueden cambiar de bando y adquirir esta condición.

Del proceso de prevención podemos decidir su inicio, pero difícilmente su final.

Evalúa tu dominio del capítulo No 7:

INSTRUCCIONES PARA OBTENER TU EVALUACIÓN.

1. Haz Clic sobre el link **bit.ly/36Tdlw3** *o cópialo y pégalo en tu navegador y dale* **enter***.*
2. Completa el formulario.
3. Haz clic en enviar.
4. Recibe tu calificación al instante.

REFERENCIAS.

Abdala, E. (2004). *Manual para la evaluación de impacto de progra-mas de formación para jóvenes.* Montevideo : CINTERFOR, 2004. Obtenido de: http://guia.oitcinterfor.org/sites/default/files/conocimientos/manual_evaluacion_de_impacto_progra-mas_de_jovenes.pdf

Araujo González, R. (2015). *Vulnerabilidad y riesgo en salud. ¿dos conceptos concomitantes?* Revista Novedades en Po-blación, 89-96. Obtenido de http://scielo.sld.cu/scielo.php?s-cript=sci_arttext&pid=S1817-40782015000100007

Blanco Asplazú, M. Á., Morales González, H. A., & Rodríguez Co-llar, T. L. (2010). *Actividad, acciones y operaciones en el pro-ceso diagnóstico.* Obtenido de Scielo: http://scielo.sld.cu/scie-lo.php?script=sci_arttext&pid=S0864-21412010000300007#c

Centro Virtual Cervantes. (2019). Refranero multilingue: https://cvc.cervantes.es/lengua/refranero/ficha.aspx?Par=58819&Lng=0

Citas y proverbios. (2020). Obteido de: http://www.citasyproverbios.com/cita.aspx?t=Cuando%20se%20puede%20evitar%20un%20mal%20es%20necedad%20aceptarlo.

CONEVAL. (2013). *Programa de escuela segura, Ficha de monitoreo 2012-2013.* Obtenido de https://www.gob.mx/cms/uploads/at-tachment/file/25493/Programa_Escuela_Segura.pdf

Corral, Y. (2009). *Validez y confiabilidad de los instrumentos de in-vestigación para la recolección de datos.* Revista de Ciencias de la Educación. 2009, Vol., No 33, Valencia enero-junio. Ob-tenido de http://servicio.bc.uc.edu.ve/educacion/revista/n33/art12.pdf

Deza Villanueva, Sabina, D. (2005). *Factores protectores en la prevención del abuso sexual infantil.* Obtenido de http://pepsic.bvsalud.org/scielo.php?script=sci_arttext&pi-d=S1729-482720050001000

Dintel. (2020). Obtenido de: http://www.dintel.org/index.php?op-tion=com_content&view=article&id=521:paremias-como-pa-

ra-no-perderse-el-encuentro-con-el-sector-publico-del-jueves-20-y-viernes-21&catid=170:2013&Itemid=71

DLE. ((s/f)). *Diccionario de la RAE.* Obtenido de http://recursosdidacticos.es/goodrae/definicion.php?palabra=prevenci%C3%B3n

DOF. **(20 de diciembre de 2014).** *ACUERDO número 20/12/14 por el que se emiten las Reglas de Operación del Programa de Escuela Segura para el ejercicio fiscal 2015.* Obtenido de https://www.dof.gob.mx/nota_detalle.php?codigo=5377493&fecha=27/12/2014

DOF. **(24 de enero de 2018).** *ACUERDO por el que se establecen los Lineamientos para el otorgamiento de apoyos a las entidades federativas en el marco del Programa Nacional de Prevención del Delito.* Obtenido de http://www.dof.gob.mx/nota_detalle.php?codigo=5511236&fecha=24/01/2018

Echemendía Tocabens, B. (sept.-dic. de 2011). *Definiciones acerca del riesgo y sus implicaciones.* Obtenido de http://scielo.sld.cu/scielo.php?script=sci_arttext&pid=S1561-30032011000300014

Fajardo, G. A. (Ene-marzo de 2017). *Medición en epidemiología: prevalencia, incidencia, riesgo, medidas de impacto.* Obtenido de http://www.scielo.org.mx/scielo.php?script=sci_arttext&pid=S2448-91902017000100109

Fuentes Ferrer, M. E., & Del Prado González, N. (noviembre-diciembre de 2013). *Medidas de frecuencia y de asociación en epidemiología clínica.* Anales de pediatría continuada. Obtenido de https://www.elsevier.es/es-revista-anales-pediatria-continuada-51-articulo-medidas-frecuencia-asociacion-epidemiologia-clinica-S1696281813701574

Hablemos de religión;. (2019). *San Isidoro de Sevilla: Biografía, oraciones, frases y más.* Obtenido de http://hablemosdereligion.com/san-isidoro-de-sevilla/

Hernández Ávila, M., Garrido Latorre, F., & López Moreno, S. (2000). *Diseño de estudios epidemiológicos.* Obtenido de https://www.scielosp.org/scielo.php?script=sci_arttext&pi-

d=S0036-363420000002000010&lng=es&nrm=iso&tlng=es

ITSON. (S/f). *Técnicas e instrumentos.* Metodología de la investigación, Unidad de competencia II. Cd. Obregón, Sonora, México: Dirección de la cultura física y el deporte. Obtenido de: http://brd.unid.edu.mx/recursos/Taller%20de%20Creatividad%20Publicitaria/TC03/lecturas%20PDF/05_lectura_Tecnicas_e_Instrumentos.pdf

Julio, V., Vacarezza, M., Álvarez, C., & Sosa, A. (2011). *Niveles de atención, de prevención y atención primaria de la salud.* Obtenido de http://www.scielo.edu.uy/pdf/ami/v33n1/v33n1a03.pdf

Lazcano Ponce, E., Salazar Martínez, E., & Hernández Avila, M. (2001). *Estudios epidemiológicos de casos y controles. Fundamento teórico, variantes y aplicaciones.* Salud Pública de México, 14-150.

Literato. (2020). Obtenido de: https://www.literato.es/p/MTY4NTk/

López, Pedro Luis. (2004). POBLACIÓN MUESTRA Y MUESTREO. Punto Cero, 09(08), 69-74. Recuperado en 18 de marzo de 2020, de http://www.scielo.org.bo/scielo.php?script=sci_arttext&pid=S1815-02762004000100012&lng=es&tlng=es.

Milejemplos. (2020). Citas sobre el porvenir. Obtenido de: https://www.milejemplos.com/frases/tema/prevenir

Mirón Canelo, J. A., & Alonso Sardón, M. (junio de 2008). *Medidas de frecuencia, asociación e impacto en la investigación aplicada.* Obtenido de http://scielo.isciii.es/scielo.php?script=sci_arttext&pid=S0465-546X2008000200011

Montoya Roldán, H. (2011). Gestión del riesgo psicosocial.Laboral. Obtenido de: https://rhpositivo.net/gestion-del-riesgo-psicosocial-laboral/

Moreno Altamirano, A., López Moreno, S., y Corcho Berdugo, A. (2000). *Principales medidas en epidemiología.* Obtenido de https://www.scielosp.org/scielo.php?script=sci_arttext&pid=S0036-363420000004000009&lng=es&nrm=iso&tlng=es

Morón Vázquez, A. J., Reyes Matheus, M. M., & Urbina Chirinos, Á. A. (2015). *Gestión de riesgos en la empresa*. R. C. Agelvis, C.A. Obtenido de https://www.redalyc.org/pdf/904/90448465008.pdf

Muñoz Ruiz, J. (2016). *Factores de riesgo en el acoso escolar y el ciberacoso: implicaciones educativas y respuesta penal en el ordenamiento jurídico español*. Revista Criminalidad. Obtenido de: http://www.scielo.org.co/scielo.php?pid=S1794-31082016000300007&script=sci_abstract&tlng=es

OMS. (4 de noviembre de 2019). *Organización Mundial de la Salud*. Obtenido de Temas de salud: https://www.who.int/topics/risk_factors/es/

Palomo Trigueros, P. (2013). Cita-logía. Punto rojo libros, S. L., Sevilla España,

Pérez Rioja, J. A. (1959). La lectura ante el futuro.Revista de educación, No 93, año VIII, quincena de febrero, Madrid, 1959.

Pineda Ovalle, L. F., Sierra Arango, F., & Otero Regino, W. (2006). *Interpretación y utilidad de las principales medidas en epidemiología clínica*. Revista Colombiana de Gastroenterología, 198-206.

Provervia. (2020). Pitaco de Mitilene. https://proverbia.net/autor/frases-de-pitaco-de-mitilene

Proverbia. (s/f). *Destino*. Obtenido de https://proverbia.net/cita/453059559-lo-que-el-cielo-tiene-ordenado-que-suceda-no-hay-M

Psicoactiva (2020) 101 frases de Albert Einstein sobre la vida, el amor y el talento. Obtenido de: https://www.psicoactiva.com/blog/las-101-mejores-frases-de-albert-einstein/

REDBA. (s/f). *Prevención*. Obtenido de https://www.monografias.com/trabajos11/preven/preven.shtml

Rodríguez Chávez, J. J. (04 de 01 de 2017). *Más vale prevenir que lamentar*. El UNIVERSAL.

Rubio Ferrer, J.J. y Villaroel Valdemoro, S. (2012). Seguridad y prevención de riesgos en el almacén. Ministerio de educación, España. Obtenido de: https://books.google.com.mx/books?id=QC8bAgAAQBAJ&printsec=frontcover&hl=es#v=onepage&q&f=false

Ruiz-Healy, E. (10 de junio de 2014). *La violencia, una enfermedad contagiosa.* Obtenido de https://www.ruizhealytimes.com/mi-columna/la-violencia-una-enfermedad-contagiosa

Sánchez, Daniel. (2019). México, primer lugar en Bullying en educación básica. PÁ66INA, Periodismo de investigación, Cd. de México, 3 de marzo de 2019. de Obtenido de: https://www.pagina66.mx/mexico-primer-lugar-en-bullying-en-educacion-basica/

Scribd. (2020). Obtenido de: https://es.scribd.com/doc/96468735/Si-no-se-conoce-la-causa-de-los-fenomenos

SEP. (2018). *Documento base del Programa Nacional de Convivencia Escolar para la Autonomía Curricular Ciclo 2018-2019.* Obtenido de https://www.gob.mx/cms/uploads/attachment/file/333283/DOCUMENTO_BASE_DEL_PROGRAMA_NACIONAL_DE_CONVIVENCIA_ESCOLAR_PARA_AUTONOMIA_CURRICULAR_2018_2019.pdf

SEP. (2019). *Programa de escuela segura.* Obtenido de https://educacionbasica.sep.gob.mx/site/proes

SEP. (2020). *CONSTRUYET.* Obtenido de https://www.construye-t.org.mx/ConstruyeT

Slutkin, G. (2013). *Transcript of "Tratemos la violencia como una enfermedad contagiosa".* Obtenido de https://www.ted.com/talks/gary_slutkin_let_s_treat_violence_like_a_contagious_disease/transcript

Supo Cóndori, J. (22 de octubre de 2013). *Validación de instrumentos de medición documentales.* Perú: Bioestadístico.

Tamayo Ly, C., & Silva Siesquén, I. (s/f). *Técnicas e instrumentos de recolección de datos.* Presentación en pdf. Chimbote,

Santa, Perú: Departamento académico de metodología de la investigación, Universidad Católica Los Ángeles. Obtenido de: http://www.postgradoune.edu.pe/pdf/documentos-academi-cos/ciencias-de-la-educacion/23.pdf

Tapia Granados, J. A. (2001). *La estadística y el castellano.* La terminología estadística en la nueva edición del Diccionario de uso del Español. Nómadas.

Toribio, L. (28 de febrero de 2019). *México, primer lugar en Bullying: afecta a 40% de los alumnos.* Excelsior, pág. 9.

Universidad Libre, (2020). Boletín De salud. Bienestar universitario. Obtenido de: http://www.unilibre.edu.co/bogota/ul/bienestar-universitario/

Valdés, M. (2019). *La evaluación de impacto de proyectos sociales. Definiciones y conceptos.* Obtenido de https://www.mapunet.org/documentos/mapuches/Evaluacion_impacto_de_proyectos_sociales.pdf

Vázquez Arango, N. (2019). Autocuidado, primero punto en la agenda de la salud laboral. Obtenido de: https://rhpositivo.net/category/seguridad-y-salud-en-el-trabajo/

Zavala Urquides, E. (Agosto 28 de 2017). Fallo escolar mas fallo familiar: delincuencia total. Proyecto puente, periodismo diferente. Obtenido de: https://proyectopuente.com.mx/2017/08/28/fallo-escolar-fallo-familiar-delincuencia-total/

TABLAS

EVALUACIONES

www.ingramcontent.com/pod-product-compliance
Lightning Source LLC
Chambersburg PA
CBHW080833160726
47999CB00009B/2870